在远远的背后带领

安心 / 著

北京联合出版公司
Beijing United Publishing Co.,Ltd.

图书在版编目（CIP）数据

在远远的背后带领 / 安心著. —北京：北京联合出版公司，2018.4
（2025.6 重印）

ISBN 978-7-5596-1526-8

Ⅰ.①在… Ⅱ.①安… Ⅲ.①家庭教育 Ⅳ.①G78

中国版本图书馆 CIP 数据核字（2018）第 005452 号

在远远的背后带领

作　　者：安　心
选题策划：木昬文化
策划编辑：朱　笛
责任编辑：史　媛
特约编辑：师丽媛　王倩慧
封面插画：典婆婆
内文插画：皇小小
书籍装帧：介　桑

北京联合出版公司出版

（北京市西城区德外大街 83 号楼 9 层　100088）
三河市嘉科万达彩色印刷有限公司印刷　新华书店经销
字数 158 千字　880 毫米 × 1230 毫米　1/32　8.5 印张
2018 年 4 月第 1 版　2025 年 6 月第 22 次印刷
ISBN 978-7-5596-1526-8
定价：49.80 元

contents
目录

chapter 3
负责任

chapter 4
无伤害

chapter 5
一致性

chapter 6
自我调整

安心的生命里，有一种广阔的自由。

我准备生二宝的时候，她和武志红、林建勋结伴去南极玩；我在家照顾宝宝的时候，她跟着我最喜欢的犀利老太拜伦·凯蒂参加"一念之转"协助者的工作坊；我在上海忙于外企的日常琐事时，她在大理的桃溪谷和邓虹嵘打着太极禅；我在上海周边拖家带口假装旅行时，她和她的女儿小妮——16岁的青春美少女，在美国奥兰多一起上课。

对此，我常常艳羡不已，说走就走的旅行，灵魂和身体总有一个在路上，于她，都是简单的发生。

更让我赞叹的是，她内心的自由。

通常让我们无法畅享人生的原因有二：一是原生家庭和过往生活中的伤痛经验，二是新近发生的令人不爽的大小事件。

应对的方式通常也有两种：一种是对于过往的负面感受和投射选择逃避，实则是重复旧模式；另一种是紧抓不放，以惨痛的故事寻求关注，在各种身心灵课程中寻求疗愈。

翻看书中安心成长和蜕变的篇章，我看见她呈现出另外一种可能性。一方面她安于当下一刻，享受着生活中点滴的幸福；另一方面，对于过往的经历和此时的卡顿，她不迎不拒，不向外求，选择真实面对。用她的话说，就是"内省但不内疚"。这种自我淬炼带来的是不断升级更新的人生信念，常保新鲜，宛若新生。

安心的生命里，有一种莫名的温暖。

每次和安心一起带领 P.E.T.（Parent Effectiveness Training，即父母效能训练）父母效能训练双讲师班，我都非常享受。我惊叹于她一语中的的"点穴"功力，更惊叹于她春风化雨般的温暖。她仿佛有一种超能力，能让学员瞬间敞开心扉，与她深度交流。

有一次，工作坊里来了好几位老师——几个志同道合的朋友一起筹建一所幼儿园，但是在如何进行工作安排、协调配合等方面出现了一些沟通问题。她们向安心请教，安心的回答极其简单。她说在一个团队中如何反馈很重要，通常我们都会急于指出对方做得不够好的地方，是否可以先反馈对方做得好的地方，以及自己得到的支持。就在现场，几位老师尝试着使用 P.E.T. 的"我信息"①，充分地表达自己。说着说着，她

---

① 我信息：指不去评判对方的行为，而是表达自己的感受或对方的行为对自己的影响。

们彼此的感受都被看见了，纷纷感动得落下泪来。安心的点拨，就像朝湖面丢进了一颗石子，交流与共振开始像涟漪一样荡漾起来。她们说，没想到反馈可以带来这么大的不同。工作坊结束时，我看到了一个彼此有连接、有信任的团队，看到了她们相互之间的支持和共赴未来的力量。

更奇妙的是，安心的温暖不会让人产生依赖，她把领悟的机会、成长的权利稳稳地放在学员手里。她从不直接告诉学员该怎么做，有时她静静地倾听，有时她轻轻地提问，有时只是一个关注的眼神，有时又是笑谈间的同频。

安心的生命里，有一种特别的真诚。

她把这种真诚放在任何一段关系中，无论是对待自己、对待家人，还是对待友人。与所有母女一样，她和女儿小妮之间也有冲突。与大多数父母不同的是，安心的处理方式分外谦卑。有一次，安心跟我分享：我和女儿进行了一次对话，我对我以往有侵犯她界限的部分做了道歉。我愿意用信任来代替控制，把她对自己的管理权利还给她。我希望我的孩子可以成为她自己，可以在我面前轻轻松松而不是备感压力。

我曾经细细地揣摩她是怎样做到的。我想，这缘于她把 P.E.T. 的精神融入平凡小事、点滴日常。因为没有评判，所以他人愿意敞开；因为不越界，所以他人不会依赖；因为没有优越感，所以他人感受到尊重；因为没有操控心，所以没有伤害；因为内外一致，所以感受得到纯粹的初心。

安心的生命里，有一种久久的坚持。

八年前，安心开始分享和传播 P.E.T. 的历程。在很长一段时间里，这是一种随遇而安的守候。每个星期四晚上，她在会议室里等待，有时人多些，有时只有两个人，她都以同样认真的态度去分享。之后的一段时间，她在全国 20 多个城市间游走，以公益讲座的形式，不求回报地播撒着种子。近些年，她带领了超过 100 场工作坊，引领了众多父母成长的方向。身为中国区 P.E.T. 督导，她开办了一期期讲师班，陪伴更多人与她一起走上讲师之路。

都说书如其人，我深以为然，安心的这些生命特质都积淀在了她的新书里。没有热情似火，没有高奏凯歌，有的是对人生的些许领悟和见地，有的是来自学员的真实案例和她的精准剖析。

《在远远的背后带领》，看似有些清冷、有些距离，细细体会之下，却是温润如玉的感觉。其中有饱含深情的温暖、历久弥新的真诚、义无反顾的信任和全然负责的担当。

《在远远的背后带领》，安心温婉简约的字里行间，将"效能沟通"的本质和全貌徐徐展开。读完之后，内心会升起一种信心和动力：平凡如我，也可以做到！

中国区 P.E.T. 督导 微微辣

　　成长十一年，带领沟通课程八年，在心灵的疆域里翻山越岭，有时清明，有时混沌，时而喜悦，时而挫败。我有很多"成功"的心得分享给你，更有不少"失败"的经验提供给你。有时我觉得"沟通"只有两个字，但做起来太难；有时我又觉得沟通并不难，难的是一个人的心性和愿心，是否敢于面对自己，是否真正想要健康的人际关系。如果答案是肯定的，那沟通其实不难。这些年我分享传播的P.E.T.课程就足以满足沟通方面的需求，它已经帮助无数父母得以跟孩子和其他家人、朋友，通过良性的互动，真正建立起关系来。

　　P.E.T.主要讲的是父母如何与孩子沟通。这套课程所运用的理论皆源于人本主义心理学，可以说集人本主义的精髓，融会贯通于沟通中，使高深的心理学知识得以被父母运用。虽然P.E.T.以亲子关系为着眼点，实际上适用于所有人际沟通。

倾听

P.E.T.主要包含四部分内容：倾听、表达、应对冲突和关系建设。当孩子被某事所困扰，或有高涨的情绪时（也就是处在问题区时），父母要做的就是倾听。伴随同理、接纳和真诚的内在态度，通过倾听和陪伴，梳理孩子被卡住的情绪或感受，协助孩子的情绪流动，让孩子重新回到情绪与思考的平衡状态，为孩子创造一个能够思考如何解决他所遭遇的问题的空间，而不是把孩子的问题拿过来，替他解决。

表达

在表达方面，通常人与人之间的沟通会有一个误区："当我对他有不好的感受时，最好不说出来，说了可能会伤害他。"那可能是因为我们的表达方式不恰当。当我们遇到自己被卡住、处于问题区（被他人的行为困扰）的情况时，应该表达"我信息"，而不是指责他人的"你信息"。通过"我信息"的表达，不但不会伤害对方，反而让对方有机会学会了解和感知他人的情感世界，使彼此的关系更深入，甚至有可能帮助对方成长。

应对冲突

第三个非常重要的部分——在关系中，我们如何应对无法避免的、必然会发生的两种冲突：需求冲突[①]和价值观冲突[②]。

[①] 需求冲突：一方的行为给另一方带来了具体而明确的影响，比如孩子想听音乐，而父母想要安静休息。

[②] 价值观冲突：不接纳对方的行为，但是对方的行为并没有带来具体明确的影响，是看法、观点、信念上的不同。

面对冲突，通常很多人都不太愿意深入。我们以往所经验到的，都是冲突破坏性的一面，我们觉得一有冲突，关系就会被破坏，彼此就会受伤。实际上，冲突也具备建设性的一面，如果冲突的双方有约定俗成的应对冲突的方式，就会更加深入彼此的世界，看到更真实的对方。如果我们不能深入地分享彼此生命中的愤怒、悲伤、贪婪等所谓负向的感受，那么其实我们连喜悦也无法分享。也就是说，如果不深入冲突的话，很多时候关系是停留在表面的。

P.E.T.使用"第三法"①来解决需求冲突。第三法建立在尊重彼此需求的基础上，也就是说，首先要看到彼此的需求是什么。承认孩子的需求非常重要，父母的需求也同样重要。P.E.T.用尊重孩子和父母需求的方式来解决冲突，而不只是让父母牺牲自己的需求。P.E.T.不提倡家庭里任何一方有所牺牲。

关系建设

生活中，如何在大家相安无事或无人遭受情绪困扰时，通过关系技巧的使用、时间管理以及环境调整②，来促进彼此的关系，也是P.E.T.里非常重要的部分。

以上四个部分，托马斯·戈登博士通过"行为窗口"的概念，做了清晰的归属。

---

① 第三法：当亲子之间出现冲突时，父母和孩子一起找出双方都接受的解决问题的办法。
② 环境调整：指通过环境的改变减少或避免可能产生的冲突。

　　"行为窗口"是整个P.E.T.的精髓，看似简单，实际上蕴含着很大的智慧。它不以好坏、对错为标准来进行问题归属[①]。

　　简单来说，问题归属就是当时谁有情绪、谁被困扰，谁就处于问题区。比如说，父母想要休息，孩子却把音乐的声音开得很大。通常我们会认为孩子这样做是不对的，但回到场景中，孩子把音乐声开得那么大，在那个片刻谁受到了干扰？谁对这个声音有情绪呢？

　　孩子可能很享受音乐，并没有情绪上的问题，而在这个问题上有情绪的是父母。也就是说，父母是被困扰的一方，是遇到问题的一方。所以，P.E.T.不是以对错来区分问题，而是从当下的真相出发，谁被困扰、谁有情绪，谁就有问题，即处于问题区。

　　以往我们处理问题时，可能总想分出好坏、对错、曲直、高下，思维陷入二元对立模式。而行为窗口恰恰打破了二元对立模式，让我们回到沟通的本质上来。

　　沟通的本质不在于论对错，而是在当下的那个片刻，谁被卡住？谁遇到问题？谁需要被帮助？谁要为此负起责任？P.E.T.父母效能训练的奇妙与卓越之处在于，突破以往的习惯，引领父母进入沟通的本质：没有对错的评判，只有事实的陈述和真实感受的流淌。我们之间没有好与不好，只有相同或者不同。

---

① 问题归属：在P.E.T.里通过行为窗口，把日常生活中的情形归属为四类：他人（孩子）处在问题区、无问题区、我（父母）处在问题区、双方处在问题区。

P.E.T.所传递的精神是一致性沟通，它没有评判，界限分明，鼓励关系中的各方为自己负起责任，它和平而没有攻击性。正如我的好友微微辣所总结的：不越界、不评判、负责任、无伤害、一致性。

当我们能够活出这几个特质时，也就活出了人本的精神，活成了一个真实存在的人。所以在这本书里，我从不越界、不评判、负责任、无伤害、一致性和自我调整①这几个方面，分享我关于P.E.T.的心得与体会。

人本主义心理学之所以获得那么多肯定与认同，可能就在于它鼓励人们做真实的自己，它教导的是如何成为一个人。而深得此精髓的P.E.T.之所以会风靡全球，皆因这门沟通学说传递给父母的是，沟通是以关系间有爱的流动为基础的。

通过实践P.E.T.，看似是父母在带领和养育孩子，实际上是孩子在引领父母的成长。这样的关系，就好像哈利·帕尔默和萨古鲁说的：真正的带领是在远远的背后带领。

退至孩子的身后，给孩子空间与自由，同时保有连接和支持，这就是最好的带领。

纪伯伦说，孩子的灵魂属于明天，属于我们做梦也无法到达的明天。

当我们站在远远的背后，就不会想要操控孩子，而是尊重和允许孩子成为自己；

---

① 自我调整：在与孩子出现价值观冲突时，不是改变孩子，而是重新审视自己的价值观，做出调整。

当我们站在远远的背后，就能纵观孩子所处时空的全貌，真正看见孩子；

当我们站在远远的背后，就不是在带领，而是跟随。

愿此书与你共勉，愿我们都能高高山头立，也能深深海底行，活出所知所学，利己也利他。

感谢书中提供案例的朋友，你们的分享支持了我也将支持更多人；感谢一路上与我相遇的父母，你们的谦卑深深滋养了我；感谢我的女儿，我生命中的天使，谢谢你让我进入你的宇宙。

安心

chapter 1

不越界

界限，即存在，即人，它代表一个人的疆界所在。我给孩子买过一个气球，这个气球的质量非常好，把它吹起来后，孩子甚至可以在上面弹坐。它是那么柔软有弹性，可以改变形状与孩子互动，但它的疆域一点儿也没减少，没有泄气，也没有缩小。

有多少人，界限被侵犯时，就像一个泄气的气球，到最后甚至自我"放气"。没有了疆界，也就没有了自己。

当我们谈及界限时，会有很多害怕，比如害怕界限会造成关系的破坏，因而不敢真实表达自己，结果却是由于我们的不真实，关系越来越疏离。实际上，彼此保有界限的关系，才能更长久。

托马斯·戈登博士并没有单独谈及界限，但他把界限的概念融入了整个 P.E.T. 实践中，比如如何尊重他人的权利与需求，如何为自己的感受和需求负责任，不侵犯，也不被侵犯。保有界限，哪怕是面对一名婴幼儿，你也会感叹，原来人与人之间可以如此简单而美好。

1. 中国式界限

"界限"一词，对中国人来说仍是新鲜和模糊的。大约在九年前，我初次听到"界限"一词时，竟陌生得与词的本义背道而驰，模糊得如被重重纱布笼罩，感到隐约的不安。

尽管少数人已从混沌的无界限开始捍卫自己的界限，但大多数人的越界还在无意识中进行，这些行为往往被冠以正义或"为你好"的帽子。看看以下情景，是不是非常熟悉。

情景一：夹菜

不久前，我的好友跟我提及她到闺密家吃饭的"惨痛"遭遇。闺密的妈妈坚持给她夹菜，一只鸡腿占据了她的半个碗，偏巧她又不喜欢吃鸡腿，结果一整顿饭，她都在扒那一半没被鸡腿盖住的饭。

大家可能会跟我提同样的问题，为什么不告诉阿姨你不喜欢吃鸡腿啊？答案肯定也是大家所熟悉的，阿姨会说，鸡腿好啊，你太瘦了，要多吃点儿，并且坚持把鸡腿放到你的碗里。你坚持，对方会比你更坚持。

情景二：尊老

"尊老爱幼"这几个字本身没有什么不对，问题是，大部分情况下我们却在朝相反的方向进行。

在我看来，"尊老"意味着尊重老人的意愿，尊重老人是独立的个体。很多人在"尊老"时，往往不顾及老人的意愿。老人好好地在过马路，你偏去扶他，一方面暗示他连马路都过不好，另一方面也打乱了他过马路的节奏。

下次要"尊老"时，能否真正尊重老人，先问一声，您是否需要帮助……

情景三：爱幼

以爱幼的名义越界，真的太常见了。孩子说吃饱了，那怎么可以，你还没吃够呢。孩子我不冷，那怎么可能，你一定冷的。

孩子在一遍遍试着自己穿鞋子，你二话不说，拿起鞋子就套上孩子的脚。

遇见可爱的孩子，不管孩子是否同意，就捏一下粉嫩粉嫩的小脸。更有甚者，不管孩子是否愿意，一把抱过来或一口亲下去。

中国人对待界限的模式大抵就是因为从小被如此对待而来的吧。当孩子要反抗时，身边就会传来一个声音："这是因为爱你啊。"暗示着孩子理应接受。

情景四：拉帮结派

这种无界限表达方式，其实很普遍。很多人在发表看法，或提需求时，会说"我们大家觉得""我们所有人都这么看"。似乎不拉上大家，不足以有理有据；似乎不站进队伍，不足以抗衡心头的无力感。

其实很多时候，"们"并不存在，只有"我"而已。

情景五：催婚

父母好像永远都比你知道你该什么时候结婚，该跟谁结婚，甚至比你更知道你该什么时候生孩子，生男孩还是生女孩。

情景六：劝说

有一天，我与朋友谈起另一个朋友为婚姻而苦恼，有想离婚的念头。结果我的朋友还没听完，就开始激动地说，离什么婚啊，孩子都这么大了，得过且过吧。没完没了地说了一大堆，听得我直冒冷汗。

人到中年，谁没事想离婚呢，有此想法，想必当中有诸多不为人知的辛酸苦楚。很多人不明就里，甚至不想明就里，只想把自己的想法强加于人。

你说我要换工作，就会有人跑出来说，好好的换什么工作……反正不管你说什么，都会有人跑出来劝说你，不要……

还有情景七、八、九、十……

我想声明，以上情景所列越界行为我并非没有做过。我被越过界，也越过他人的界，现在也在所难免。不同的是，如今我会时刻带着觉知，提醒自己不要越界。

接下来，我们再讲讲另一种方式的越界——如何把反越界演变成越界，也就是隐性的越界。

一位妻子看完我关于"中国式界限"的文章后，推荐给她先生看，担心先生没有仔细阅读，干脆声情并茂地朗读给先生听，谁知却引起了激烈的争吵，受到先生的指责。

这位妻子分享文章给她先生，并不越界，可当她想通过朗读来确保先生仔细阅读时，其实就是在实施隐性操控，实质就是越界。

而她的先生，界限被侵犯时，无力为自己守护，于是采用攻击的方式，指责对方。这就是典型的反越界不成，反而演变成了越界。显然，生活中这样的事情数不胜数，我的界限、你的界限，纵横交错，混杂一处，加上投射其中的情绪，更是一团乱麻。

这种事情，在我身上也发生过。有一次，我参加了太极禅课程。第二天，当我进入课室时，发现我的位置被本来坐在我后面的一位女士坐了，当时我的第一感觉是非常惊讶，一般禅修课程会有约定俗成的规矩，第一次坐的位置会沿用至课程结束。

接下来的一天中，我一看到那个占我位置的人就有情绪，甚至跟一同参加课程的好友抱怨，指责对方的不是。说着说着我自己笑了，我意识到，当我的界限被侵犯而又无力维护时，就开始越界，想告诉对方应该怎么做。

真相其实是，当我无法为自己守护，无法跟对方简单地说声"嘿，我想坐回自己的位置"时，我的内在就会有沮丧、无助和无力感，这些不被表达的感受衍生成愤怒，于是我便开始攻击对方，想告诉对方她是不对的，她不应该这么做，而此时我已经越界了。

实际上，对方有什么样的做法、什么样的价值观，那是她的人生、她的世界，与我无关。

生活中常见的另一种反越界不成却变成越界的情形是以受害者的姿态出现，所有受害者内在上演的都是一种隐形攻击。通过展现自己的受害，来实施对对方的潜在攻击，而攻击就是越界。

受害者会传递和投射内在的愧疚，通过罪恶感来操控他人。而这样往往从不失手，因为愧疚是那么深地根植于我们的潜意识，所以面对受害者，是很让人难受的。

受害者更可怕的地方还在于，对于自己的被越界，不但不想去守护，反而觉得我终于找到你的罪证了，我终于可以实施对你的控诉了。这样的控诉往往有其更深的来源，大多数时候，受害者只是利用眼前事报之前的仇而已。

第三种反越界演变成越界的情形是被侵犯的都是自我的界限，通常体现为自我憎恨、自我攻击，甚至是自残。

当自我的界限被侵犯时，有的人会产生都是我不好的错觉，这跟自我的低价值感有很大关系。于是，别人插我一刀时，我也顺便再插自己一刀，毫无自我界限可言。

看见他人对自己的越界很容易，而看见自己对他人的越界所做出的反应（隐性的越界）却很难，因为隐性的越界伴随着很多的应该和理所当然，想要看见这个部分，就需要对自我的冲击与内省。

而内省有时意味着自我重塑和再次选择，是需要能量与勇气的。然而，成长离不开这样的愿心，去看见，而后再次做出选择。

看见之后，怎么去做呢？到底如何守护好自己的界限，又不去侵犯他人的界限呢？

克里希那穆提说，不去伤害，也不被伤害，这就是心灵的纯真。延伸他的话，我想说，不去侵犯，也不被侵犯，这是心灵的纯真，也是灵魂的智慧。不侵犯，需要放下操控与恐惧；不被侵犯，需要内在的力量。而智慧，就是从根本上接受彼此是独立的个体，去掉骨子里的依赖性，就有可能做到既尊重他人，又能为自己负责。

如何做到不越界呢？在他人遭遇困扰时，关怀而不干涉，分享而不教导。如果我们尊重个体的独立性，就会对他人产生一份信任，不剥夺他人的成长机会，不妨碍他人发展面对问题的能力。正如张德芬所说，舍得让你爱的人受苦，受苦是心灵成长的资粮。

意识到这是他人的事，我们便清晰了自己的位置，做一个陪伴者和倾听者就是当下最好的给予。

去倾听和陪伴，而非直接去把对方的问题解决，抢走他人的问题，剥夺他人去经历的权利。被允许用自己的力量去解决问题，这其实是很多孩子的渴望。大家应该都体会过父母直接把孩子的困难解决之后，孩子的沮丧感。例如，孩子正在鼓捣他坏了的玩具，爸爸一把抢过来帮他修好，这时候孩子是很懊恼和郁闷的。

我们还可以分享我们的经验，但不是站在一个"我懂，你不懂"的角度去指导或说教，又或美其名曰提供帮助。一个人最好的学习方式是去经历和体会，获取自身的经验，化为自己的生命财富；又或者是经由他人的分享，对自己有所触动和启发，从而调整自己。

如何不被越界呢？在我遇到困扰时，我成长路上的启蒙老师许宜铭说，尊重而不放纵，邀请而不要求。尊重个体的独立性，当然也包括对自己的尊重，而当我们真的意识到自己的独立性时，也意味着我们要自我负责，收回对他人的期待，不把自己的力量交托出去。

所以，当他人侵犯了你的界限时，该为你的困扰、需求甚至情绪负责的人是你自己，你是那个要主动去沟通的人。

就像我在前面提到的关于我的位置被别人坐了的例子，最好的回应方式不是去评判，而是坦陈和开放自己，去负责任地沟通。这种沟通不是去指责对方应该如何，而是坦陈对方的行为带给你的困扰是什么，坦陈你的感受，这才是一个灵魂成熟的人该有的方式。

在那个例子的后半部分，当我意识到自己的反越界行为时，我选择去跟对方坦陈我的感受。最后她向我道歉，并且第二天早课的时候，让我坐回原来的位置。

当然，并非所有困扰都能通过表达来解决。如果事情同时困扰到双方，我们需要做的就是邀请对方，在基于彼此尊重的基础上，一起面对和解决。有时候，除了表达以外，我们能做的最好的就是进行自我调整。说到底，外在世界只是我们内在世界的一面镜子，外在并没有别人，有的只是自己。

从开始学习和成长，我就不断在关系里触碰到"界限"这个课题。刚开始学习建立界限时，我有过黑白分明的阶段，一是一，二是二。那个时候的界限虽然分明，但缺少温度，别人触碰到的是一个硬邦邦的我。

但这个阶段很重要，能让我滋生出守护自己所需要的内在力量，弥补小时候不被允许和缺失的那一部分。从界限模糊到界限分明却显得冷漠，其实是从一极去到另一极。这只是成长的一部分，而非完整的部分。

所幸，我回到了二者的平衡状态，因为我开始思考真正的界限的意义所在。界限的本质绝非关系的破坏或疏远，真正的界限感是带着温度的，是源远流长的细水，滋养彼此的灵魂，因为当中充满尊重与信任。

关于界限，P.E.T.沟通模式的创建者托马斯·戈登博士的人际关系信条，就完全体现了人本精神，无伤害、负责任、不评判。

我非常珍视并希望维持你与我之间的关系，但我们是彼此独立的个体，有着不同的需求和价值观。

因此，我们需要始终坚持真诚而开放的沟通，从而更好地理解彼此的价值观和需求。

当你在生活中遇到困难时，我愿意带着真诚的接纳和同理心来倾听，并协助你找到属于自己的解决办法，而不是将我的想法强加于你。同时，当我面临需要解决的问题时，我也希望你能够倾听我。

但是，当你的行为影响到我的需求时，我将会真诚敞开地告诉你，你的行为是如何影响我，并且相信你会尊重我的需求和感受，试着改变那些我无法接纳的行为。同时，每当我的行为令你无法接纳时，我希望你也能真诚敞开地告诉我，这样我也可以试着去改变我的行为。

当我们之间发生冲突时，我们同意每一次冲突的解决都不是凭借权威的方式，让一方获胜而以另一方的损失为代价。我尊重你的需求，同时我也必须尊重我自己的需求。因此，我们努力寻求一种双方都可以接纳的解决方式。你的需求将会得到满足，同样，我也可以满足我的需求。没有人会遭受损失，我们双方可以共赢。

在这种方式中，你能成为一个可以满足自己需求而且持续成长的个体，而我也同样可以。因此，我们能够拥有一种健康的关系，彼此都能发挥自己的潜能。在相互尊重、爱以及和平的氛围中，我们彼此相处并建立持久的联结。

2. 不去侵犯，也不被侵犯

我们常在言语上侵犯孩子的界限，却丝毫没有觉察，甚至不觉得是侵犯，比如逗孩子的行为就非常不尊重孩子，充满戏谑，有时甚至是恶俗的。我们常常低估语言的力量，低估语言对一个人的影响。我们有很多言语和行为上逗孩子的方式，比如吓唬孩子"有弟弟了，你妈妈不要你了"……还有一种逗孩子，就是把自己的羞耻感投射给孩子。

有一次我在外吃饭，邻桌的妈妈在给孩子换衣服的过程当中，嘴里念叨着"羞羞，羞羞"。于是我有感而发：

性侵犯其实有广义和狭义之分，狭义的大家都了解，就是身体的侵犯，大家不了解的可能是广义的性侵犯。所谓广义的性侵犯，其中一项就是任何能引起孩子羞耻感的行为或言语。比如孩子不穿衣服，父母会说"不害羞、羞羞"，甚至是"不要脸"；比如孩子触碰自己的性器官，父母啪的一下打他的手，并且做出厌恶的表情；比如父母换衣服，被孩子看到了，父母会很不自然地把孩子轰走；比如孩子模仿电视上的亲密行为，父母怒斥孩子不许这样；或者父母指着电视上或公共场合的亲密行为说"真不害臊"。

这些话引发了一些评论。很多人问，那怎么办呢？如何引导呢？老人说了我们该怎么办？我换衣服确实不想让孩子看，怎么办？

也有人对这样的定义表示不明白、不理解。我最初听到这样的言论时也很惊讶。对广义性侵犯的定义是从比较细微、敏感、深入的角度出发的，谈到跟性有关的一切，我们一向都小心翼翼，不是吗？

从大家的提问中也可以看出，这样的场景很常见，但我们未曾想过，对孩子说这样的话，会带来怎样的后果。

父母会无意识地把自己与性有关的信念传递给孩子，例如性是不好的，是羞耻的，是不被允许的……

因为我们对性的不正确认知，我们的能量往往会被卡住。

弗洛伊德的精神分析学认为，性是贯穿人类始终的，是人类一切行为背后的驱动力。成人的我们有没有思考过，关于性，我们的信念是什么？这些信念从何而来？如果没有这样的信念，性又是什么？如果我们能把以上问题梳理清楚，那么该如何应对老人对孩子说"羞羞"，父母自己如何与孩子就这一问题进行沟通，也就迎刃而解了。

有人说，从小家里的大人就是这么对待我的，就是这么说的。但是，我们无意识接受的东西，还要继续传递下去吗？觉察、了解，然后停止这样做，就会切断循环往复的轮回。

问题一：老人说，我们怎么办？

除非家里老人比较开明，能与时俱进、接受新观念，不然，不要期待改变老人，他们的价值观已经根深蒂固。我们能做到得最好的，就是自己不受影响。当老人对孩子这么说时，我们把孩子抱过来，平静地对孩子讲，奶奶是担心你着凉；或者说，这点妈妈和奶奶的看法不一样，这两个人在亲吻，他们在表达对彼此的喜欢。

问题二：孩子模仿亲密行为，怎么办？

比如孩子学着电视上的动作来亲吻你，我们可以跟孩子分享：这是叔叔阿姨（或爸爸妈妈）表达彼此喜欢时的方式，不同关系表达的方式不一样。宝宝和妈妈表达彼此喜欢是这样，然后给孩子一个拥抱或在孩子额头上亲吻一下。

同理，在公共场合看到这样的行为，孩子若好奇，也如实解答。

问题三：我换衣服时，不愿意让孩子看到，怎么办？

身体是你的，你有权利决定给谁看、不给谁看，当然也包括你的孩子。前段时间，我在换衣服，小满格指着我的文胸问，这是什么？我跟她解释，这是内衣。她急了，示范了一下，把她的衣服撩起来，指着胸部的地方说，这儿，这儿，是这儿。当时我急着出门，没太在意就走了。几天后，我在换衣服，她进来，好奇地看着我。我主动撩起内衣，告诉她，这是胸部。她指了指她的胸部说，我也有。我说，对啊，你也有。她又指了指她的肚子说，这是肚脐，然后就笑哈哈地一边玩儿去了。

如果你不愿意让孩子看，你完全可以跟孩子讲，身体是妈妈隐私的部分，妈妈不愿意让其他人看到，然后再改变环境，去浴室关上门换衣服，就这样简单。

千万不要说一些让孩子感觉是他的行为不好、他不对、他不能这么做之类的话。孩子只是出于好奇，那是很单纯的一种认知的能量，就和他对树叶、小动物的好奇是一个道理，没有对或不对。

问题四：孩子触碰自己的性器官，怎么办？

首先，我们心理上要有一个正确的认知，这在孩子的成长过程中是非常正常的。如果不出现危害，比如说孩子手很脏，我们可以忽略孩子的行为，或轻轻地把孩子的手拿开，或看一下孩子身体是否不舒服。

如果都不是，孩子只是探索和好奇，那么要告诉孩子，妈妈是可以接受的，但不是每个人都喜欢，如果有其他人在场，不要做这样的动作。

问题五：在公众场合，孩子突然要光身子或有其他我们无法接受的行为时，怎么办？

告诉孩子，这不是在家里，这是公共场合。在公共场合，我们要把衣服穿好，然后动手帮孩子把衣服穿好。

如何应对生活中这样的场景，和父母自己的认知有很大关系。如果父母带着羞耻感或羞涩感，带给孩子的能量也会是这样。如果父母是坦然的，不别扭也不扭曲，那么孩子当然也就不受影响。

有一个方式可以帮助你了解认知和信念是什么，那就是留意一下，当你在阅读这样一篇与性相关的文字时，你的感受是什么？甚至可以留意你的身体是紧绷的还是放松的，如果是紧绷的，是哪个部位？这个紧绷状态想告诉你什么？

3. 少些期待，多点界限

　　说到界限，不得不提《一念之转》的作者拜伦·凯蒂。在读凯蒂的文字时，我常常被她字里行间所传递的智慧打动，尤其是对存在的尊重，以及与人、事、物之间那种了了分明的界限感。那种纯粹，没有丝毫妥协，与内在的最中心处相呼应。那种呼应穿越头脑，直抵灵魂深处，我知道，那是真相。不管是我的轻轻一念，抑或是生死问题，在拜伦·凯蒂这里都无分别。在她这里，我体会到的是生命里最纯粹的界限感。

　　拜伦·凯蒂在《一念之转》中写到，她的孙子罗斯出生时，没有呼吸，整个产房弥漫着紧张不安和惊慌失措的气氛，凯蒂的女儿转头看到的却是凯蒂的微笑。事后，她告诉凯蒂："妈妈，你知道你经常挂在脸上的微笑吗？当我看到你那样看我时，一股平安的能量感染了我，即使婴儿没有呼吸，我仍觉得没关系。"当然婴儿后来有了呼吸，健康地活了下来。

　　凯蒂说："我很开心，我的孙子不必因为要得到我的爱而为我呼吸。他的呼吸是谁的事？不是我的事。不管他呼吸与否，我不愿错失他存在的每一刻。我知道即使没有任何呼吸，他也活了自己完整的一生。我热爱真相，而且以它当下的样貌来爱它，丝毫不受任何幻象摆布。"

哪怕是生命攸关，仍保有界限。每次读到这里，震撼、喜悦、感动就会从内心深处升起。不管你以何种方式存在，哪怕是以"不存在"的方式存在，我都一样爱你。

我想，做到如凯蒂一样的纯粹界限显然是不容易的，但至少，我们可以减少对孩子的期待，多些尊重。有了尊重，也就有了界限。

在工作坊里，我很喜欢带领参加者体验一项活动，寻找彼此的共同点和不同点。借由此，我们意识到人与人之间的相同，也接受彼此的不同。我常常鼓励参与者把这项活动带回家，与伴侣和孩子一起体验，虽然只是一个游戏，却可以行无言之教，让孩子领悟一些生命的真谛。

人与人之间的关系，很多时候始于彼此的相同点。比如伴侣，一开始看见的总是对方与自己的志同道合，慢慢地，彼此的不同逐渐显露，然后开始紧张、恐惧，害怕那个不同是对自己的否定，害怕那个不同会带来对方的远离。

若能把觉察带入这样的时刻，就不难发现，其实我们渴望的是对方的认可，期待被对方看见，而这份最初的渴望和期待来自父母。多少次我们对父母有同样的渴望和期待，但绝大多数时候这样的期待总是落空，于是，我们出发去寻找他人的认可和看见。

我们也会把这样的期待投射到关系中，物以类聚、人以群分，大概就是基于这样的投射，所以我们更愿意与跟我们有相同认知和价值观的人成为朋友，与志同道合的人成为伴侣，这样就可以最大限度地满足自己最初的那份渴望。

不管再怎么相同，每个人都有自己的独特性，哪怕是兄弟姐妹，在相同的家庭环境中成长，也常常个性迥异，双胞胎也有性格大相径庭者。

期待必然伴随失落，还有最初不被父母看见的恐惧。于是在最亲密的关系里，当对方无法满足我们的期待时，就会激起我们最深的恐惧，关系越亲密，我们投射的感受越深。

另一个常常被投射的对象就是我们的孩子，在父母那里的期待，一开始被投射到伴侣身上，然后落空了，又被我们投射到孩子身上。比如说，妻子拿老公没办法，就把所有注意力放到孩子身上，去塑造一个符合自己期待的孩子。

若是幸运，孩子具有反抗能力，能抵抗住这些操控，在荆棘中长成自己的模样。大多数孩子会在挣扎中屈服，重复父母最初的伤痛，他们又成为不被看见的孩子，长大后又开始到处寻找认可，轮回就是这样发生的。

自己做不到却期待孩子做到，这样的期待就是欺骗，用自己的期待来要求孩子一定要做到，这样的期待就是越界。在关系里，我们难免会期待，希望孩子身心健康也是一种期待，但如果我们足够清醒，就不会冠冕堂皇地用自己的期待去操控关系中的人。我有我的期待，若你能满足我，那很好，若你无法满足我，也不是你的错，我的期待只与我自己有关。

能滋养彼此关系的，应该是爱而非期待。最好的爱是带着尊重，允许对方成为他自己，而不是成为我们所期待的样子。

停止期待，其实就是开始为自己的生命负责任。当你真正意识到自己才是生命的主人时，就不会在关系中投射你的期待了。

若不再期待，你就自由了。你想要这样的自由吗？

4. 失去自己的疆域，就是泄了气的气球

　　一个活在父母的期待里、渐渐放弃自我的孩子，会是怎样的呢？这里有一个例子供大家参照。

　　有一天，我女儿小妮的同学在朋友圈发了一段话：

　　希望你们以后看到的是一个崭新的我，一个积极向上且安守本分的我。我不会再去天真地追逐什么虚无缥缈的东西，认清现实且认命是我唯一能做的。我可以选择死去，也可以选择如行尸走肉般苟且生存在这个世界上，但在我心中被我牢牢牵扯住的那丝希望让我无法离开这里。所以，我必须得活着，如你们所希望的那样活着。我知道这样活着结果不会差，我知道这样我会看起来更加充实。我认识到在这个残酷的世界，人是很难追随自己的内心和梦想的，那么剩下的就只是一副空壳子。这并没有关系，你我都是空壳子，你我都是行尸走肉般的同类罢了。今天的我可以说是已经死了，也可以说是获得了能在这个世界上多流连几十年的机会。但上天拿去了我有所作为的权利，我不知道也不想知道它会不会归还于我。现在，我只能以我的父母和老师的标准来活着，就好像自己想要的已经没了，留下这张人皮来带给他们快乐吧，也许有一天我也

会为此感到快乐。以此来记录我的重生。

很难想象这些话出自一个14岁孩子之口，就像一个泄了气的气球，言语中充满沮丧和绝望，那是一种妥协，一种自我的放弃。对世界、对父母说，好吧，我放弃我自己，我决定如行尸走肉般，按照你们要的活法去活。她所说的重生，其实就是对自己的放弃。或许我们都不难从这些话中看到自己生命的某些片段，那些我们曾放弃或妥协的片段。

小妮急了，开始给同学发微信说，别放弃啊，能想想办法吗？想想可以双赢的办法。同学回她说，想了挺久的，只能这样了。

但是小妮没有放弃，她跟我说，想写篇"心灵鸡汤"，鼓励同学。后来小妮真的写了一篇文章，她说，妈妈你可以发出来，让更多的父母看到。虽然她所谓的"鸡汤"充满青少年的口吻，稚气难掩，但我看到的是她对同学的关切，还有青少年世界里的淳朴和激烈。

目睹这一切的我，其实很心酸，特别是看到女儿同学的这段话，还有女儿的着急。我想起美剧《吸血鬼日记》里的片段，因为发生的事情太痛苦，难以承受，吸血鬼会选择关闭人性的部分，从此不再有痛苦的感受，恣意妄为，痛快吸血，不再有情感。

但是吸血鬼的同伴不放弃，通过各种尝试，让吸血鬼重启人性。人性再次回归，要经历很痛苦的过程，但拥有人性的一面，始终是吸血鬼的渴望。

小妮的这位同学就像在痛苦边缘，决定关闭人性的吸血鬼，小妮就是那个不放弃的吸血鬼同伴，奋力喊着："请不要放弃！"

我不知道，小妮同学的选择有多少跟父母有关。我知道的也是某些片段：父母要求她好好学习，老师找她谈话，香港浸会大学的心理学实习生找她聊天。

我总在想，若父母不能成为孩子放松的港湾，不能允许孩子做自己，给予孩子理解，让孩子活在对生活的恐惧中，那么孩子极有可能会感到绝望，选择关闭自己的感受，放弃自己的梦想，活成别人想要的样子。

在成都的家庭教育高峰论坛上，主持人让每位嘉宾为大家送上一句话。当时，我分享给在座父母的是：请教会我们的孩子生活，而不是生存。我们或许经历过生存，但今天的孩子，他们值得好好地生活。《易经》有语："形而上者谓之道，形而下者谓之器。"在我看来，生活为道，生存为器。

但愿有更多的父母能从过去的经验中醒来，能意识到时代已不同，生存不再是问题，允许孩子活成他们自己。他们或许会跌倒，或许会走错路，但我们会给予他们陪伴。

　　我知道，这很难，但我也知道，这一切可以做到。我在这么做，我身边有很多人也在这么做。这条无条件养育的路，可能少有人走。多年以后，年老的我们有一天回想起来，过往时光里不辜负孩子，不辜负自己，不辜负岁月，足矣。

5. 解除"都是因为我"的魔咒

想要界限分明地生活，首先要知道如何对问题进行归属。生活中我们经常会有这样的反应，别人心情一不好，我们就下意识地想，是我影响他了吗？是不是我之前说的哪句话，或我做的哪件事，让他这样了呢？

老板黑着脸，你想到的是你的工作没做好；父母有情绪，你立马感觉委屈满满；伴侣脸色不好，你想到的是我肯定又哪里没做好，让对方不满意了；孩子一哭，你想到的是自己太无能，挫败感十足；好朋友最近不怎么联系你，你暗暗觉得一定是自己不够好。

有时就连陌生人的一句话或一个眼神，你都觉得与自己有关。我的一个好朋友曾是一个论坛的版主，有一天论坛出故障，无法运转，她当时的念头竟然是一定是因为自己发的帖子造成的，后来她了解到有这种想法的居然不止她一人。

不管发生什么"坏事"，很多时候我们的第一反应是"都是因为我"，且不论这个魔咒是怎么来的，很明显这个应对机制跟我们成长过程的某些因素、人物、事件等有关。

就像硬币的两面，"都是因为我"太痛苦，就会演变成另一面——"都是因为你"。老板黑着脸，你会想要求真多、真刻薄、唯利是图；父母有情绪，你可能觉得老人家不理解你，不可理喻；伴侣脸色不好，你想到的是对方的种种不好；孩子一哭，你想到的是这孩子真不懂事、真难带；好朋友最近不怎么联系你了，你可能会想这样的朋友不要也罢，干脆不理对方了。

由于先有"都是因为我"的心理魔咒，那么出于防备，你就会发动攻击，找出"都是因为你"的各种理由。防备即攻击，没有防备就没有攻击。小到个人，大到国家间的争端，都是因此而产生的。

究竟怎样走出这个戏码呢？根本之处就是要破除"都是因为我"这个魔咒。老板黑着脸、父母有情绪、伴侣脸色不好、孩子哭了、好朋友最近不怎么找你了……可能真的跟你有关，但大多数时候其实跟你无关，就算真的跟你有关，此时被困扰的人也不是你，而是对方。

解除这个魔咒的秘密就在于学会问题归属。当你知道如何归属问题区时，就会清楚，在那样的时刻，是对方处在问题区，是他们有情绪，他们有困扰，这是当下的事实，也是当下的唯一真相。

问题归属，能让你更有觉察，而有了觉察，你就可以选择跟以往不同的做法。所以，当清楚地知道是对方处在问题区时，你可以通过倾听进行核实。如果是因为其他事情，你可以给予对方关怀和陪伴，如果是由于你的某个行为，你同样可以通过倾听，协助对方走出问题区。

就像下面这位妻子一样，用更有效能也更能让爱流动的方式与老公沟通，相爱可以不相杀。

从工作坊回来后，第一次用倾听的方式与老公沟通。今天晚上孩子幼儿园有讲座，从五点半到七点半。老公把孩子们接走，我留下听讲座，手机调成了静音。下课时我看没有短信和电话，又放回口袋了。因为坐别人的车回家，手机放在口袋里一直没拿出来。

回到家，刚进门，我老公就大吼："打你电话也不接，你干吗呢？不是说讲座七点半结束吗，你看看现在几点了！"我拿出手机一看，他打了17个电话。然后，我拉着他的胳膊说："哎呀，是啊，都八点多了，电话静音，也没接你的电话，特别担心我吧。"

他降低了声音说："我带孩子们去吃饭，本来想去接你，但是手机没电，怕联系不上你，赶紧回来充电，从充上电开始给你打电话，你就是不接。"

我说："嗯，让你担心了，老公。"他安静了两分钟，这中间孩子们跟我说吃的什么饭，爸爸买了什么……

两分钟后，他说："你以后手机别调成静音。"我笑着说："遵命，老公大人。"然后，小女儿说了一句"爸爸笑了"，老公的情绪好多了，他说："饿了吧，去门口吃烩面吧。"就这样，全家人看着我一个人吃了一碗面。如果是以前，肯定会吵几句嘴，而现在，我们真正能感受到爱的流淌，好暖。

所以，归属好问题区，清楚了界限，我们就可以做到没有防备、没有攻击、负责任、无伤害、一致性地沟通，这正是P.E.T.传递的界限精神。

6. 谁是需要帮助的人

　　不管是刚学习P.E.T.还是接触P.E.T.已经很久的父母，有时在问题区的界定上还有些不清晰的地方。这或许跟我们习惯于以好坏对错来归属问题区有关系。而P.E.T.的问题归属，跟好坏对错的评判没关系，因为沟通的本质不在于好坏对错，而在于沟通双方愿意坦陈自己和尊重对方，共同面对当下的真相，寻求帮助或给予帮助。

　　在问题已经归属清楚的基础上，如何使用面质性我信息^①，是否使用面质性我信息进行倾听，我们一起来探讨更多的选择。

　　父母处在问题区的各种情形：

　　1.孩子的行为使父母情绪高涨。

　　假如10岁的孩子跑到父母的床上吃饼干，并且饼干都撒到了床上，父母无法接纳这种行为，并且有些挫败或生气。这种情况下，很明显，父母进入问题区，需要向孩子发送面质性我信息。如若孩子有抗拒情绪，则由面质性我信息转为倾听。

　　2.父母的需求被干扰，无法满足自己的需求。

　　假如孩子在看电视，声音开得非常大，在一边聊天的父母都听

---

① 面质性我信息：当他人的行为干扰了我们时，向对方描述这一行为带给我们的感受及影响。

不清对方的声音了。这个时候父母进入问题区，可以向孩子发面质性我信息。可能会产生两种情形。

一种是孩子也意识到声音太大，或者刚好孩子看完电视了，这个时候，孩子调小声音或关掉电视。这种情形中，自始至终只有父母一方处在问题区，孩子并没有进入问题区。

另一种是孩子开始抗拒，父母和孩子有了需求冲突，双方一起进入问题区。如果仅仅是抗拒，父母需要"换挡①"，倾听孩子，使孩子的情绪温度降下来，然后择机再发面质性我信息。如果明确是需求冲突，比如孩子必须那么大声音才听得到，那就需要使用第三法。

3.孩子处于问题区，虽没有给家长带来任何具体的影响，却触动了家长内在被压抑的情绪，家长也进入了问题区。

比如孩子跟其他小朋友发生冲突，哭着找到妈妈。本来是孩子有情绪，但妈妈也开始心烦意乱，进入问题区。

第3种情形完全不同于1、2两种，在1、2两种情形中，如何使用P.E.T.几乎不存在争议。而在这种情形下如何使用P.E.T.，或者说如何应对，是值得商榷的。如何应对这种情形，一般有以下几种选择。

选择一：妈妈冲孩子发脾气，说"哭什么哭啊""别哭啦"之

---

① 换挡：当他人对我们的面质性我信息有所抗拒时，从我信息转换到倾听的过程。

类的话，把自己的情绪发泄到孩子身上，孩子本来就受了委屈，又在妈妈这里继续受委屈。（常发生，但非常不推荐）

选择二：孩子处于问题区，需要妈妈的倾听陪伴，而不是让本身就处在情绪中的孩子再受妈妈的情绪干扰。妈妈要觉察到这是自己的情绪，与对方无关，可以先把自己的情绪打包，继续倾听，倾听结束后再去处理自己的情绪问题。（比较推荐的方式）

选择三：当妈妈的感受比较强烈，处在问题区时，有时是无法进行积极倾听[①]的。这时，妈妈可以选择先表达面质性我信息，（重点是非责备地表达自己的感受）为自己的情绪负责，然后再倾听孩子。先跟孩子表达"你哭的声音这么大，妈妈头都大了，听不到你说什么了"，然后倾听孩子"你很喜欢的玩具被小明抢走了，这会儿你真的很难过"，这里用到的是"换挡"技巧。（这也是我比较推荐的方式，但父母要注意表达自己的感受，而不是责备孩子。P.E.T.一直强调做真实的父母，如果父母带着情绪倾听孩子，孩子也会感受到父母的能量状况，父母不表达不代表孩子不知道）

选择四：妈妈的情绪高涨，甚至无法倾听孩子，最好的方式是先另外找个空间处理自己的情绪，比如说到另一个房间（如果孩子还小，需要把孩子交给其他大人，而不是留下孩子，自己走开），

---

① 积极倾听：是指在沟通过程中，对孩子的语言反馈不掺杂父母个人的信息，只是对孩子之前的信息做如实反馈。反馈的内容就是事实和感受，也就是帮助孩子表达出他经历的事实和感受。

调整好自己之后再倾听孩子。如果强压着自己的情绪倾听孩子，倾听过程可能会进行得不顺畅，也有可能听着听着，妈妈的情绪爆发。

这几种方式虽稍有不同，但都是提醒我们，父母需要为自己的情绪负责，去成长或疗愈，而不是让孩子承担压抑的情绪或伤痛，把自己的情绪投射到孩子身上。

7. 投射让我们偏离真相

有些行为常常被误以为是爱的行为，父母打着"为你好"的旗号，投射自己的种种给孩子，在心理上侵犯孩子的界限。

一位妈妈因为12岁的孩子一直画画不睡觉，着急得如热锅上的蚂蚁。她从10点多到11点半几次催促孩子，孩子终于关灯睡觉。她求助于我，甚至给孩子写字条。这几十分钟，于她有种天快塌下来的感觉。

当我看到求助信息时，我清晰地看到她的焦虑跟孩子因画画而晚睡完全不对等。

果然，她对晚睡有很深的恐惧。她说她就是因为缺乏睡眠影响身体健康，累极了更加难以入睡，整天挂着黑眼圈……她对晚睡有很深的恐惧，然后把这样的恐惧投射给孩子。投射不是爱。只要带着投射，我们就偏离了当下的真相，看不见发生了什么，更看不到眼前的人。举个简单的例子，当你戴上红色的眼镜，所见之处皆是红色，哪还有真相呢？

人与人之间会有那么多纷争，就是因为各自都戴着有色眼镜看世界。我们很多时候看到的并不是对方，而是被我们涂上颜色的对方。

有时，我们把软弱和无能投射给孩子

在综艺节目《妈妈是超人》里，马雅舒和老公关于孩子的教育问题爆发争吵。且不说马雅舒的老公做法怎样，马雅舒是如何跟孩子相处的呢？家中客厅的所有家具都搬走，连餐桌也没有，吃饭只能在地上，目的是给孩子一个没有障碍的空间，避免孩子受伤。她带着孩子外出，孩子这里不能碰，那里不能沾，因为太脏了。

有一幕情景，是她女儿举着碰了颜料的手，如同生命遭到威胁一般，紧张、无助地哭泣。这场景看着让人很难过，这个时候的孩子，难道不应该是不顾脏乱、尽情玩耍吗？或许在马雅舒的内心，孩子是极度需要保护的，非常容易受伤的，甚至是有些可怜的，她把自己的这些想法全部投射到孩子身上，认为这是对孩子的爱。所以她老公才着急地说，跟同龄孩子相比，女儿的能力落后好多。

显然，马雅舒的这副眼镜是"孩子是很脆弱的，是极度需要保护的"。试问在这样的投射下，孩子如何发展自身的能力？

有时，我们把分离的焦虑投射给孩子

有些孩子确实在离开妈妈时会焦虑，但大部分焦虑其实来自他人，这个他人，主要是妈妈。经常会听一些妈妈说起，她的孩子在去幼儿园时哭得不行，可是一进园，老师又说一点儿事没有，接孩子时，孩子还舍不得走。

工作坊里曾来过两位妈妈，她们是好朋友，各自的孩子都两岁多，都是离开孩子到另一城市上课。一个妈妈很平静地投入课程，另一个妈妈则焦虑不安，一直在担心孩子。

当我跟她们细聊时，第二个妈妈聊起了她小时候离开妈妈的"恐怖"经历。显然，她现在又把这样的经历投射给了孩子，所以尽管孩子安然无恙，她依然无法安心。

大部分这样的情况，其实不是孩子离不开妈妈，而是妈妈离不开孩子，分离焦虑来自妈妈，而非孩子。与孩子的分开虽然短暂，却勾起了妈妈对别离的恐惧。

当我们带着这样的能量与孩子相处时，孩子会误以为焦虑的能量是自己的，所以也会焦虑不安。一旦妈妈离开，也就是焦虑的能量离开时，孩子在幼儿园里啥事没有。

有时，我们将对食物的焦虑投射给孩子

面对食物，如临大敌。肉不能吃太多，冷的不能吃，太甜的不

能吃，太咸的不能吃，煎的东西不能吃……吃太多担心，吃太少也忧虑。

作为父母，我们当然需要给孩子提供健康可口的食物，但如果父母总是担心，可能需要看看，到底是孩子在吃的方面影响你，还是你对食物所持有的想法在影响你。

在小满格三岁之前，我的妹妹像大部分妈妈一样，对孩子吃的方面超级担忧，担心吃肉太多，担心积食，担心肠胃不好。（在她的担心下，孩子确实肠胃不好）

有一天，她自己突然想通了，不再忧虑，把吃东西的权利交给孩子。小满格如放出笼子的老虎，有一段时间狂吃肉，然而并没有出现肠胃问题，最多也就是大便拉得比较多而已。

几天后，小满格不再狂吃。现在她对肉一点儿都不热衷，而且吃饱了就停，跟自己的肠胃有很好的联结。吃不再困扰小满格，也不再困扰我的妹妹。

有时，我们把自己的匮乏投射给孩子

小时候没有裙子穿，没有钢琴弹，于是等自己有了孩子，买了一柜子裙子，报了一堆兴趣班。

有一次，一位昆明的妈妈跟我抱怨，她给女儿买了那么多漂亮衣服，她居然不穿。我说，那是你想要的，不是她想要的。她说，是啊，我小时候没的穿。一句话便道出真相，大人把心里满满的匮乏投射给了孩子，还以为是对孩子好。

给的背后是匮乏，那么接受者得到的又是什么呢？如果看不到这点，我们还会抱怨孩子，觉得对孩子付出了那么多，孩子却不领情。父母给得再多，不是孩子需要的，其实等于没有给。

有时，我们会把爱投射给他人

曾听一位工作上的搭档说，他之所以对另一个人那么好，是"因为他让我想起了我的爸爸"。他与爸爸有着很深的情感，可惜爸爸去世了，于是他把对爸爸的爱投射到另一个人身上。

这样的投射或许在很多人身上都发生过，其实这是很不健康的关系，这样的相处并无真实可言。如果一个人对我好，是因为他把我看成他生命当中的某个人，那他其实并没有跟我相处，他是在利用我跟"某个人"相处。

可怕的是，如果有一天这个被投射的人，有些行为是投射者所不接受的，那么曾经对"某个人"的愤怒也会投射到他身上，很多怨恨也会随之而来。这样的爱，从头到尾就是错位和错误的。

有多少时候，我们错把投射当成爱，但这不是爱。真正的爱，伴随着觉察，有了觉察，才不会在心理上越界。

在关系中要带着觉察和觉知。真真切切地去看，看自己、看生命、看他人。看到投射，收回投射，自己处理自己的部分，才能真正地陪伴对方。

就像前面案例中的那位妈妈，在她自己做了一些调整后，意识到这是属于自己的焦虑，她开始看到12岁的孩子通过画画释放自己的压力，孩子需要的不是来自妈妈的焦虑，而是妈妈的理解和看见。后来她告诉我，孩子逐渐早睡了。

投射不是爱，摘掉你的有色眼镜，去真正看见对方，与真的对方相处吧！让关系开始于我和你，让彼此之间没有"它"，也没有"他"。

8. 爱是最好的抗挫折能力

　　界限的守护，需要信任。如果我们无法信任孩子，就总会想着做点儿什么来"保护"孩子，比如说培养孩子的抗挫折能力。有一天，我们的一个学员群里，上完课的妈妈们在热烈讨论一个话题，关于幼儿园的作业——一幅画。

　　A妈妈说："我的孩子上幼儿园小班，老师留的作业是一幅画，我原以为是很简单的涂色，几分钟就能完成。没想到交作业的时候被老师批评了，原来不是简单的涂色，还要画画、写字。这是小班小朋友能做到的吗？

　　"在作业完成过程中，我也花了很多时间给孩子引导和帮助。但是交作业的时候，老师批评我们没有按照要求完成作业，真的是严肃批评，而且还在班级QQ群里表扬一些家长按要求协助孩子，作业完成得很好。

　　"如果这个老师只是批评，我就认了，她竟然还在QQ群里点名表扬，我真的很无语。我现在感受到的是表扬跟批评一样大的压力，甚至表扬压力更大。因为被批评会自我反省和申诉，而表扬别人，被打压的自己就很憋屈。我很气愤，本来就不了解这个老师，我花了大力气协助孩子完成的作业竟然被这样明嘲暗讽。

"总之，做这个作业的过程中，我处于问题区，对孩子的作业感到焦虑，没有很好地满足孩子的需求。后来孩子得到实在的帮助后，她自己也能自主完成。"

B妈妈说："其实对于幼儿园我也曾苦恼过，我的孩子的老师喜欢拿警察吓唬小朋友，习惯用威胁法对待孩子。草率换幼儿园对我们来说肯定不可行，既然改变不了外界因素，那就接受现实，改变自己，让自己不那么焦虑。现在两个月过去了，孩子并没有我想象的那么容易受挫。"

A妈妈又说："可能我做惯了好学生，接受不了被老师鄙视。我再次觉察我不够坚定的内心，所以被外人的评价影响了。我参加工作坊的一个目的就是面对当前中国的教育环境要淡定，不能迷失。"

C妈妈说："我的孩子上小学一年级，在上工作坊之前我的孩子也被老师投诉过一次。我不认同老师的教育方法和理念，但不知如何与老师沟通。上完工作坊之后，我发现看似是孩子的问题，其实是我自己的问题。比如我觉得老师没有交代清楚就批评孩子，孩子受委屈了，其实是我自己觉得委屈，孩子可能完全无感。解决的方法还是调整自己，不可能因为不认同教育理念就换老师、换学校。

"一生这么长，相信孩子有自己解决问题、适应社会的能力，我们能够给予孩子的是来自家庭的能量。学校解决的只是社会的需求，家庭才能满足个性化需求。后来我就释然了很多。而且孩子在学校还是比较开心的，问题区确实不在她那里。"

D妈妈说："我家孩子上小班的时候，第一次作业是树叶画。我带娃捡了树叶一片一片粘上去，交作业的时候一看，哇，大家的画都是孔雀、小人儿什么的，我的心里也是蛮挫败的。后来我想，作业不是我的事儿，也就释然了。别人花团锦簇的，我们就是涂鸦。娃从来没有被表扬过，好在她也从来没有意识到这些，现在依然挺爱画画的。"

E妈妈说："周一给孩子的作业签字，一首杜甫的诗默写错了。我问：这是你第四遍默写了，这个字为什么还错？她回答：如果我全对，老师会怀疑我是抄的。顿时我就不知道说什么好了，只好说：这样啊。昨天，我问另一个家长，她说他儿子全对，老师的批语是：默？抄？

"我猛然发现，孩子不属于我，她属于这个时代，她有着自己的应对方法，不论我是否认同，那就是她。我必须学习去接受。

"我的孩子在老师眼中是差生，一次放学回来，她告诉我，老师拿着她的作文对另一个班的孩子说：看看，我们班差生写的作文都这么好。可我的孩子依然有灿烂的笑容，许多朋友、同学爱看她的作文，因为写得很有趣。我希望自己成为有力量的人，成为她的依靠与榜样。"

在另一个读书会里，一个妈妈被"孩子学习不好，未来的人生就会一塌糊涂"的念头困扰，还有一个妈妈因为督促孩子练琴而身心疲惫，而另外几个妈妈正在为孩子在学校和在家的状态不一样而苦恼。一个妈妈觉得孩子在幼儿园里似乎笑得不像在家里那样尽兴和开心，想给孩子转园；另一个妈妈的担心是孩子好像在假装去幼儿园很开心。她们都担心孩子是因为环境而假装，压抑自己。

到底是谁需要抗挫折能力呢？

在我女儿三年级时，有一天我无意中从她的同学口中得知老师"打"了她。为此，我郁闷了很多天，想象孩子在学校里受委屈的各种画面和场景。

几天后我跟她沟通："妈妈开始知道这件事情时，确实很生气，恨不得跑到老师那里去跟她吵架，但我很好奇你为什么不告诉我。"

女儿说："我就知道如果我告诉你，你一定会很生气，说不定还会跑去找老师。老师不是真的要打我，只是把作业本摔向我。"在我表示我不会去找老师后，她才把事情的经过告诉我，在孩子看来其实是很小的一件事情，她完全可以面对，根本不会受困扰。但是她担心妈妈会小题大做，担心妈妈会因此而焦虑。那时我才知道，比起在学校里发生的事，我的孩子反而更担心我。我开始反省自己对她的不信任，我看到在这件事情上，我把自己的担心投射到了孩子身上。

谁说我们的孩子需要抗挫折教育？与其说孩子需要抗挫折能力，不如说父母更需要。就像C妈妈说的："我觉得老师没有交代清楚就批评孩子，孩子受委屈了，其实是我自己受委屈了，孩子可能完全无感。"

孩子们并没有我们想象中那么脆弱，很多事情其实他们是有能力去面对的，比起所谓挫折，孩子们可能更担心的是父母的情绪问题。如果父母有平和的心态和对孩子应对能力的信任，可以帮助孩子更从容地应对外在世界的各种问题。

我终于明白，"如何培养孩子的抗挫折能力"根本就是一道伪命题。大自然里的一草一木，在阳光雨露、风吹日晒中，都能茁壮成长。我们的孩子是自然界的一部分，成长是他们的必然，智慧是他们的本有。

关于培养孩子的抗挫折能力，还有另一种焦虑。父母们一想到孩子的未来，就倍感焦虑和恐惧，纷纷提出要先培养孩子的抗挫折能力，以免日后孩子无法应对这个残酷、充满竞争的社会。一个常被提起的话题就是：穷养还是富养？

抗挫、穷养、富养，都是违背自然的、刻意的，就像小树苗在阳光雨露中成长，有人说，不是天天都有阳光雨露的，我们要减少阳光雨露，让它先学会受苦。

克里希那穆提说："真正的关怀就好比关心一棵植物，为它浇水，认清它的需要，给它肥沃的土壤，温柔亲切地照料它。可是如果你只培养你的孩子适应社会，就是在训练他们如何斗争，那么他们就会被社会宰割。如果你真的爱你的孩子，怎么还会鼓励他们加入这场人间的苦战？"

王人平说："我个人从不纠结穷养和富养，我就自然养。我过什么样的生活，孩子就过什么样的生活。刻意让孩子吃苦，而自己过富足的生活，会割裂孩子和父母之间的联结，让孩子缺乏安全感和对家庭的归属感。而自己勒紧腰带'富养'孩子也不是好的做法，自己的生活质量和生命状态都不好，能给孩子好的教育和影响吗？"

一位朋友告诉我，她的先生总是担心孩子日后到社会上无法生存，于是故意在生活中给孩子制造一些困难，孩子因而变得防备心很重。爱教导爱，恐惧教导恐惧，出于担心而刻意培养孩子抗挫折能力，给孩子带来的是恐惧，小心越抗越挫。

身为父母，在内怀有信任与尊重，是养育孩子的最好土壤；在外给予高品质的陪伴，是孩子充满安全感的港湾。无条件养育是最好的抗挫折教育，爱是最好的抗挫折能力。

9. 自我修复——孩子本有的智慧

有一次，我带着妹妹的孩子小满格一起参加工作坊，三岁的小满格像精灵一般，几乎俘获了全场所有人的心。她开心、快乐而又自在，她主动找其他小朋友一起玩耍，不管是比她大的还是比她小的，她都能愉快相处。

在有30多位大人的场地，她除了偶尔露出小小的羞涩，大部分时间都自在地跑动，对每个人都报以甜美无邪的笑容。有的妈妈感叹道，她一天到晚都是这么开心啊。

然而，罗马不是一天建成的，小满格也不是一直都是这样。她有过害怕冲突的时候，不敢跟小朋友们"抢"玩具，几乎是别人一伸手，她就松手了，然后委屈地跑到妈妈身边求助；她有过对陌生人的恐惧，面对陌生人会哭、会躲；她有过莫名其妙大哭的时候；她有过执拗的时候……

当她出现这样的时刻时，不会遭受批评，更多的是接纳。她有一位全身心养育她、尽全力接纳她的各种情绪的妈妈。当她还是小宝宝时，遇到不熟悉的人想躲开或哭泣，妈妈不会因此说教，而是告诉对方我的孩子还需要些时间。正是这样的无条件养育的氛围，让小满格逐渐走出"谨小慎微"的状态，变得越来越有力量。

除了身边的氛围给她滋养，小满格在外界经受到的挫折也帮助她成长。我们无法为孩子创造一个零挫折的环境，而且零挫折的环境不见得对孩子有好处。

在环境中经历一次次冲突，反而会让孩子成长得更加茁壮。孩子拥有自我修复的能力，在与人相处的过程中，难免会遭受一些冲击。只要父母不把自己的焦虑和恐惧投射给孩子，信任孩子自身的应对能力，孩子内在本有的智慧就会指引孩子进行自发性地自我修复。

孩子是如何进行自我修复的呢？从小满格出生到现在三岁多，我一直在观察这件事情，这些观察常令我被婴幼儿的智慧深深地所折服和打动。小满格会通过表达、游戏、故事和角色扮演等方式进行自我修复。

表达和倾诉

通过表达来释放各种情绪是人类的本能，最早的表达方式可能是哭，慢慢地掌握语言后，就开始用语言表达。有一天早上，不到两岁的满格一直围着忙碌的妈妈转，嘴里念叨着要吃东西，一下子不耐烦的妈妈冲着小满格怒吼了一声。小满格走回客厅，把脸埋到沙发上，过了一会儿，她走到妈妈身边说："妈妈大声说话，满格怕怕。"

小满格居然用P.E.T.父母效能训练课程里戈登博士教给父母的"我信息"，非指责、无伤害、内外一致地表达了自己当下的感受，让妈妈了解了她的行为给自己带来的感受和影响。

尽管大部分成人无法表达自己的感受，但我们并非天生如此。当我们是孩子时，会很顺畅地表达感受。不幸的是，孩子在表达感受时常被打断或否定，以至于慢慢地离开了自己的感受，而离开感受在某种程度上就是离开自己的心灵家园，无家可居的人当然是惶恐的，我想这就是人类为何有很深的存在性焦虑。为了回避焦虑，最常见的应对模式就是保持忙碌，不给自己空闲下来的机会，因为一空下来，焦虑也随之而来。

所以，表达和倾诉是婴幼儿早期的自我修复机制。如果父母能允许和接纳孩子表达感受，孩子就能自由流动他的情绪，孩子的自我构建就有了坚固的基石。

游戏和故事

随着意识的发展，幼儿会借助一些游戏来进行自我修复。最常见和典型的游戏当数医生打针的游戏，有的孩子扮演医生，有的孩子扮演需要打针的病人，然后"医生"一遍遍地给"病人"打针。

小满格有段时间就随便拿个东西当针筒，一边给妈妈打针，一边口中念念有词地问"痛不痛啊"，然后她妈妈就会顺着她的意思说"好痛好痛"。她乐此不疲地一遍遍玩打针游戏，其实也是在一遍遍释放她的恐惧。

另一种方式是听故事。有段时间，小满格一直让我给她讲米菲兔生病打针的绘本，刚开始她离得远远地听，慢慢地靠近我，最后变成她讲给我听。

在这个阶段，如果父母能借此机会，配合孩子进行这类游戏或讲故事，就能协助他们自我修复。

角色扮演

有一段时间，角色扮演是小满格最喜欢的游戏。小满格让我扮演跟她抢东西的小朋友，然后与我争夺，并且动手打我。

关于孩子打人，父母们一般会投射出恐惧：孩子养成打人的习惯怎么办？然而，这真的只是父母们的投射。情绪满满的孩子会通过打人来释放情绪，没有情绪时，孩子自然就不会有此需求。

小满格打我的那段时间刚入幼儿园，新的环境，新的社交，孩子在适应过程中有不安或焦虑是很正常的事。事实也证明，这样的行为不会一直持续。在小满格度过入园期后，她不但停止了打我的行为，而且对我非常温柔，常常过来很温柔地摸摸我，也不再抠手指了。

而且令妹妹和妹夫惊喜的是，满格变得更有力量了，会跟其他小朋友表达需求。当与小朋友的需求有冲突时，不再像以往一样委屈地跑向父母。

最近，小满格的角色扮演游戏是，让父母扮演她，然后向她要东西，她学着大人的语气拒绝。她会给爸爸一句台词，告诉爸爸"爸爸你说我要这个"。然后当爸爸说"我要这个"时，她干脆地回答"不可以"。

妹妹和妹夫很入戏地一遍遍配合她，在这个过程中，孩子在释放她被拒绝时的情绪，也在学习接受被拒绝。

英国著名的儿科医生兼精神分析师温尼科特说，孩子以自己的感受为中心构建起来的自我是真自我，是生动而流动的，放松、专注，并天然地富有创造力。相反，孩子以妈妈的感受为中心构建起来的自我是假自我。

婴幼儿阶段是人生中非常重要和关键的时期，中国有句俗语"三岁定八十"，不是没有道理。婴幼儿阶段，孩子被允许表达自己的感受，被同理、被联结、被看见，他们便能不断构建真自我，并且有足够空间去发展自我修复能力，并借此发展自己的内在力量。

所以，父母与其担心孩子，不如成为孩子最好的支持者，用爱充实他们的心灵，而长出与风雨共舞的翅膀是他们的本有智慧，是与生俱来的。与其去教育，不如去爱。因为孩子不需要教育，一个内在感觉安全、被接纳的孩子，会进行自我教育，发展出健康的人格来。

10. 当他人发生冲突时，停止越界

你的两个孩子之间发生冲突，你的孩子跟你的伴侣发生冲突，你的朋友之间发生冲突，你工作上的伙伴发生冲突……当有人在我们面前起纷争时，我们容易陷入法官的角色，直接进入对方的领地，评定对错。不是让双方直接进行沟通，而是我们代为沟通，我们成为沟通的重要部分或途径，其实这也是一种越界。

在P.E.T.里有一种调解纷争的方式，叫第三方调解。这种调解纷争的方式打破传统，却更有效。第三方调解最早运用于T.E.T.（Teacher Effectiveness Training，教师效能训练），是教师协助学生解决冲突的一种方式，也被咨询师或管理者使用，之后被用于更多的冲突场景中。

这种方式主要的沟通途径是起纷争的双方，我们只是协助者。如何当好协助者呢？要做到不偏不倚，不评判，协助纷争的双方表达自己的需求和感受，并且协助双方使用第三法来解决问题。

1. 双宝争车

有一次在杭州工作坊期间，好多妈妈带着孩子从四面八方前

来。大家同住一家酒店，第一天晚上下课时，好几个孩子都在走廊中玩耍。

小满格和麦兜一直在酒店走廊中愉快地玩耍，直到两人同时想坐推车，于是孩子间争夺同一个玩具的情景上演了。

双宝的"纠纷"，除非是孩子前来求助或已经发展到肢体冲撞，否则大人是不需要介入的。如何介入呢？简单说来：不当法官，不论是非对错；倾听双方，协助双方表达彼此的需求和感受。如果是婴幼儿，大人可以与孩子一起想办法，一起执行，后续要跟孩子确认他的感受。

小满格和麦兜同时想坐推车，麦兜抢先坐了上去。小满格说："我也要坐这个。"麦兜回应道："我要坐的。"小满格说："你下来啊。"麦兜说："我不下来。"

我一直都在旁边，没有介入，直到小满格过来求助道："二姨，你让他下来。"

"哦，你也想坐这个车，但是麦兜哥哥不想下来。"小满格对我点了点头。我跟麦兜说："妹妹也想要坐这个车。"麦兜说："我也要坐。"我倾听麦兜："是哦，你也要坐这个车。"这时，旁边的小满格一脸委屈，快要哭了的样子。麦兜看了，赶紧说："我也会哭的。"

我对他俩说："小满格好想坐这个车，可是哥哥下来了也会不开心。你们俩都想坐这个车，那怎么办呢？"满格说："我也要。"麦兜也说："我也要。"我说："兜兜哥哥坐一会儿，小满格和二姨一起推哥哥，之后再换小满格坐，二姨和兜兜哥哥一起推，可以吗？"满格说："可以啊。"麦兜说："好哦，推到花那边然后再推回来。"

雨过天晴，两个人又很开心地玩起来了。玩了一会儿，麦兜说："好开心啊。"我问："小满格，你开心吗？"小满格回答："开心。"走廊里充满了他俩开心的笑声和小推车与地板的摩擦声，一场冲突化为愉快的玩耍。

2. 大宝打二宝

樊樊是南京的 P.E.T. 学员，通过她提供的案例，我们可以看到如何运用第三法处理双宝的冲突。妈妈既不用动怒上火，更不用进入头脑评断对错，而是协助孩子们表达彼此的感受和需求，所以懂得有效沟通的妈妈会更轻松、更自信。

今天早上，我在洗漱时，妹妹拿了姐姐昨晚买的棒棒糖。姐姐问她要，她不给。（昨天晚上，姐姐和妹妹交换棒棒糖了）这时，姐姐就开始威胁妹妹："你不给我，我会打你的。"而且在说了几次之后，真的跑着去追妹妹。妹妹摔了姐姐的棒棒糖，棒棒糖被摔得粉碎……这时，姐姐开始大哭。

我赶紧从洗手间出来，姐姐坐在地上哭，妹妹站得远远的。我蹲在姐姐旁边说："辰辰摔碎了你的糖，很难受吧。"姐姐说："坏辰辰。"我说："嗯，辰辰把你的糖都弄碎了，太气人了。"

这时，妹妹跑过来打我一下说："我不是坏辰辰。"我顺势抱着她："嗯，辰辰不是坏辰辰，你也喜欢吃姐姐的糖。"妹妹说："嗯，你再给我买一个。"我没回应她，继续跟姐姐说话，因为姐姐还在哭。我说："你也很喜欢这个糖，不想让妹妹吃。"姐姐说："嗯，这个甜，她的糖酸死了。"我说："是啊，这个真好吃，你们俩都喜欢吃。"

这时候两个人都没有很激烈的情绪了，妹妹说："我饿了。"我说："妈妈去盛饭。"盛好饭，煎好鸡蛋，我看到妹妹在跟姐姐分享她的小饼干呢。

3. 同事争论

Rebecca是P.E.T.讲师，对P.E.T.的使用比较娴熟，她分享的这个案例，几乎使用了P.E.T.的所有沟通技巧。从倾听、我信息到第三法，再到价值观分享，完全是行云流水。

　　今天下午，在同事间进行了一场积极倾听，化解了一场白热化争论。我们在一个会议上，讨论是否采用一个新方案来实现公司的某部分业务。

　　现行方案的设计者A与新方案的推行者B一开始是平和地讨论，随后越来越激烈地争执起来。双方都认为自己的方案才是最好的，争得面红耳赤，把桌子敲得咚咚响。双方的情绪温度已经占据了95%的大脑，根本无法理性思考了。

　　这时，我感觉使用P.E.T.的机会来了。

　　我站起身，走到白板前面，招呼双方坐下说："你们先休息一下，我来分析一下你们的看法，你们看有没有理解错。"（A和B气鼓鼓地坐下了）

　　我：A，你认为原先的方案是经过很多轮讨论并且经过很多领导决策定下的，也有很多好处，所以你不想轻易改这个方案。

　　A：明明就是嘛，又不是我一个人定的，而且当时这么做确实解决了不少问题。（当时换成我跟他对话，我的情绪很稳定，并且他感觉我理解他的观点，所以情绪已经平复了一半）

　　我：B，你认为经过最新论证，目前你的方案有更明显的优势，并且跟业界的先进经验相吻合，应该改革。

B：这个方案我在×××都用过，效果很好，无论之前的方案怎么样，都不能故步自封啊。

我：听起来你们都认为自己的方案很好，而且我也相信两个方案都各有优势和劣势，那么我们一起来看看两个方案的好处和坏处，好吗？你们先各自来说，然后大家一起补充，只是大家说出来的好处与坏处，仅代表各自的看法，不要评判对错，最后我们再来分析用哪个方案。（P.E.T.预防性我信息①）

随后，我在白板上依次写出两个方案的好处与坏处。因为前面有预防，大部分时间A和B还是可以冷静地讨论，他们偶尔想评判，我会说："说好不评判哦。"他们就马上收回去了。

罗列好处与坏处的过程，是一个积极倾听的过程。在此过程中，我确保他们提到的点子都写上去了，有时候会换个说法来确认准确性。他们感觉自己的想法被看到、被听到，而且没有遭到反驳或者打击，情绪就慢慢平复了。

写完之后，因为会议时间已经到了，并且我也不认为当下是最佳的讨论时间，于是就散会了。在走出会议室的时候，刚才死守现有方案的A说："其实用B的方案也不是不行，只是需要找原先的领导拍板，下次再继续讨论吧。"

---

① 预防性我信息：提前告诉其他人我们的需要或安排。

之后，我跟B去咖啡馆坐了会儿，那时候他的情绪已经好了。

我看他情绪已经平复了，便跟他分享了我关于沟通的价值观，我认为"很强的能力+良好的沟通=高效能"，否则能力再强，效能也可能很低下。他听完，回忆刚刚的场景，说："下次争取让火小一点儿吧。"

chapter 2

不评判

评判带来分离，当你评判自己时，你在远离自己；当你评判他人时，你在远离他人。评判就像是一个巨大惯性，每时每刻，在每一个情景里，我们都容易进入评判，这是好的，那是不好的，这是对的，那是不对的。因为评判，我们很难与他人产生亲密感。

沟通中最重要的是什么？不评判。当我们停止评判时，可以看到更多的真相，发现问题的真正答案，给予他人更多的同理。让一个人发生改变的并非评判，而是接纳。

"不评判"贯穿整个 P.E.T. 的始终，不管是他人处在问题区，还是我们处在问题区，甚至是彼此相安无事时，都从感受与需求出发，从真相出发，从心出发。我们与他人是在一起的，我们抱持的态度是非评判的态度。

卡尔·罗杰斯这样比喻非评判的态度：当看着日落时，我们不会想要去控制日落，不会命令太阳右侧的天空呈橘黄色，也不会命令云朵的粉红色更浓些。我们只能满怀敬畏地望着。

不评判，也包括不赞美。事实上，赞美也是评价，赞美会让孩子偏离自己的中心，去做别人喜欢的事情。大量的事实和心理学家的实验告诉我们，不被评判的孩子，会有更健康的价值观、更稳定的个性和更健全的人格。爱孩子，从不评判开始。

1. 没有不乖这回事

刚上完工作坊的小米突然有了个发现："我儿子很喜欢自己小时候的衣服，新买的衣服都不喜欢穿，我刚刚突然想到了原因，因为我每次看他小时候的照片都会说你小时候好可爱啊……我一直没发觉，原来他的小时候就成了所谓的'别人家的小孩'，我一直讨厌'别人家的小孩怎么怎么好'的说法，原来我也在做这样的事情。家里墙上挂着儿子小时候的照片，所以我真的经常这样说。"

成都有位妈妈苦恼于孩子一进超市就一定要刷卡买东西，在与我聊天的过程中，她突然想起，有一次当孩子拿着她的卡给售货员刷时，旁边有位奶奶把孩子猛夸了一顿，就是在那次之后，孩子才一进超市就要买东西的。

杭州工作坊有位妈妈经过倾听，发现孩子不去幼儿园的原因是感觉被其他小朋友孤立了；不想穿某件衣服，原来是那件衣服穿上身会有刺痛感。

有位成都的妈妈发现，在奶奶把孩子的玩具强行送给其他小朋友后，孩子就变得不愿意分享玩具了。

有些孩子会对他人甚至是自己使用暴力，这些孩子通常都曾被暴力对待过。几年前在北京的一次讲座上，一位爸爸在课间休息时问我："安心老师，我的孩子总是喜欢打自己。什么办法我都试过了，打也打了，骂也骂了，他还是会打自己。"我对这位爸爸说："你若不能停止打他，他又怎么能学会停止打自己呢？"这位爸爸当时眼眶就红了，若有所思地道谢离开。

很多时候，孩子的某些行为，哪怕是父母认为不合理的行为，其实跟大人一样，都是为了满足自己的需求。这些需求可能是安全感的需求，可能是生理需求，或其他需求。当然，也有可能是一种情满而泄，由于压抑的情绪导致了某些行为。而我们太容易掉进评判的习惯中，用好与不好或是乖与不乖来评判孩子。

在我看来，孩子没有不乖这回事，也没有所谓的行为偏差，有的只是我们还未了解的真相。而当我们说孩子不乖时，其实是带着权威和不尊重的。我们的孩子不会说父母不乖，我们也很少说某个大人不乖，却把这样的字眼用在孩子身上。

托马斯·戈登博士说，"不乖"是父母的语言，与父母看待子女的传统方式密切相关。当孩子的行为和父母的期待相违背时，父母就会说孩子"不乖"。

在托马斯·戈登博士看来，所有的行为都是为了满足需求。他认为，如果父母能够采用以下原则对待孩子，对父母而言，家庭生活将会减少纷争，对孩子而言，家庭生活也会更快乐。

原则一：孩子和成人一样，有一些很重要的基本需求，而且他们也会努力不断地做一些事情来满足自己的需求。

原则二：孩子并不是不乖，他们的行为只是为了满足一些重要需求而采取的行动。

托马斯·戈登博士认为，孩子的所有行为都是合理的。没有孩子不乖这回事，只有未被满足的需求需要被看见；也没有所谓的偏差行为，那是孩子爱的呼唤。

有多少时候，我们忽略了对孩子的尊重，孩子打碎一只碗，可能得到的是一顿劈头盖脸的责备，而如果是一位成人打破一只碗，可能你只会轻声说"小心哦"。

孩子胃口不好，不想吃饭，通常我们都不允许，而换作大人则无所谓。甚至孩子想穿或不想穿某件衣服，都需要得到我们的允许。

孩子发表某个与我们不同的观点，我们就启动说教机制，如果是对成人，我们则有可能一笑置之。孩子的行为我们不接纳，就给孩子贴上一个"不乖"的标签，但我们极少会说某个大人"不乖"。尊重孩子，有时就只是简单的不评判孩子，不把孩子当作不懂事的小孩看待。

2. 当孩子说"我害怕"

当孩子说"我害怕"时，通常你无意识的反应会是什么呢？

"不要怕。"

"没事的。"

"这有什么好怕的？"

"男子汉大丈夫，这也怕？"

"要勇敢！"

"胆小鬼，长大了怎么办哪？"

"没出息。"

……

以上所有这些反应都来自无意识的头脑，不是在传递害怕是不好的，就是在否定孩子的真实感受，甚至有些反应是在嘲笑孩子，令本来就害怕的孩子更无助。你也许想说，孩子害怕的事情都是微不足道的，但你不知道的是，在孩子的世界里，没有小事。一颗糖，他就能伤心好久；一句话，他就能大哭一场。一件你看起来觉得不需要怕的小事，在孩子那儿，害怕的程度可能远超你所想。如果孩子不被允许表达他的感受，由感受产生的情绪能量就会被压抑下来。

未被表达的感受哪里去了

未被表达的感受会衍生成情绪，而情绪其实就是隐藏于我们内在的能量。当我们生气时，愤怒的能量在释放；当我们哭泣时，悲伤的能量在释放；当我们开心时，喜悦的能量在流动；当我们害怕时，恐惧的能量也在流动。

自然界里，有很多动物会通过抖动身体来释放恐惧的能量，比如兔子或小鹿遇险逃跑。当确定安全后，它们做的第一件事情就是抖动身体，将恐惧通过抖动释放出去。

但是人没有这个功能，或许是因为人可以通过表达释放出恐惧。遗憾的是，我们通常的反应都是否定孩子的感受，都是在告诉孩子害怕是不好的。于是，表达害怕的通道被堵上，恐惧在孩子的身体里储存了起来。

我的一个朋友总是担心自己的身体出现问题。在一次很深入的聊天中，她层层剖析，那个害怕的核心居然来自她老家的一片竹林，她小时候对那片竹林的入口感到极其恐惧。

我的女儿在四岁左右经历了一次严重呕吐，当时的我什么都不懂，想当然地压抑、否定她的感受，以至于到现在，她都非常害怕呕吐的感受。

那些生活中的不安和焦虑，追根溯源，其实都源自童年里"很小"的事情，源自那些未被表达的沮丧、紧张和害怕。只是我们为了生存下来，把这些深深地压抑到潜意识中去，而潜意识对人生的影响高达95%~99%。

当孩子说害怕时，如何回应

完形心理学里讲到，接触被中断就会形成伤口，所以完形治疗的原理就是恢复接触，完成未完成事件。所谓疗愈创伤，简单来说，就是回到当初的场景中去，恢复接触，表达当时的感受，让能量完成它的旅程，而不是卡在那儿。

如果不想让孩子储存这样的能量，最好的方式就是不去否定，帮孩子表达出来。有时，孩子需要一遍遍地表达来释放这样的能量。

小满格三岁时，有几件事情让我很受触动。孩子经历了一连串的惊吓——打针、近距离的超大鞭炮声、大哥哥的鬼脸。在这期间，家人不断地允许她表达，也帮她表达："嗯，你很害怕，你不喜欢。"

几天后，她跟我说："满格害怕哥哥，哥哥放鞭炮（当时并没有人在放鞭炮）。"我回应："嗯，你不喜欢哥哥放鞭炮，你害怕。"她接着说："哥哥已经不在这里了，哥哥走了。"那一刻我知道，她通过不断的表达，已经没有那么害怕了。

元宵节晚上，到处是超大声的鞭炮响，妹妹甚至还因此报警。但是除了在一开始听到时被吓了一跳，小满格几乎不害怕此起彼伏的鞭炮声了，该干吗干吗，不再受影响。

西安的一位妈妈，面对孩子因呕吐而害怕吃东西时，不断同理孩子，最后孩子慢慢地从恐惧中走出来，逐渐开始吃东西。

情绪不是洪水猛兽，情绪是在被压抑后才成为洪水猛兽的，不要因为我们对负向的情绪充满了评判和投射而压抑了孩子的表达。从评判的头脑中走出来，允许和同理孩子的情绪流动，是我们对孩子最好的呵护。

3. 我呼你应，便是倾听

怎么做才是不评判呢？当我们学会倾听孩子时，就可以避免评判孩子。倾听最根本的意义在于同频回应。当孩子处在问题区时，最需要的是被我们回应，我呼你应，便足矣。

所谓倾听，只是把频道调到与孩子相同。不再是孩子说数学作业好难，父母却说今天晚餐很好吃。所谓倾听，只是从原来的非回应状态，改变为回应状态。不再是孩子说数学作业很难，父母却说小学就说难，上高中怎么办。

倾听首先要在心态上做到不评判，接纳孩子当下的状况；感同身受地同理孩子。在这个过程中，内外一致真诚地呈现自己。然后才是言语上的回应，描述事实，表达孩子可能会有的感受，比如，"有人拧你的脸，你很痛（事实），又很生气（感受）"。

如果深入观察孩子，就会留意到，当他人处于困扰状态时，比如说妈妈很苦恼时，孩子的世界超越了接纳和不评判，孩子会拥抱妈妈的困扰，会充满由衷的同理。这是孩子的智慧，是父母要学习的。

对初学倾听孩子的父母来说，改变原有的模式，学会同频回应就已经足够了。比如孩子说数学作业很难，父母说"是哦，是挺难的"。

诚如武志红所说："无回应之地，便是绝境。"倾听，回应，不让孩子在心理上陷入绝境，是倾听最根本的意义所在。

在深圳参加P.E.T.工作坊的妈妈，给六岁的女儿打电话，电话那头传来的却是孩子的哭声。听到哭声，父母一般都会顿感焦虑，着急让孩子停下来。P.E.T.很重要的一部分就是如何在孩子情绪满满时，通过倾听来帮助孩子。就算是通过电话，妈妈依然可以倾听孩子，距离遥远，但妈妈的爱就在身边。

女儿：呜——妈妈……呜——

妈妈：很难过，想妈妈了？

女儿：（大声哭）呜——

妈妈：听你哭，妈妈也好难过，我都想哭了。

女儿：（小声抽泣）妈妈，我……我……

妈妈：嗯，妈妈的耳朵听着呢。

女儿：帮我请假，请假。

妈妈：西西不想上幼儿园？

女儿：有人拧我脸。

妈妈：嗯。（心里咯噔一下，没说话，要是平时早就急了）

女儿：好痛。

妈妈：嗯，有人拧你脸，你很痛，又很生气。

女儿：嗯，我跟×××吵架了，我先弄他的脸了，有同学就告诉老师了。赵老师说我们一个在这边，一个在那边，不可能（打架），就不再理我们了。

妈妈：哦，老师没有了解就说不可能，你很委屈，觉得不公平。

女儿：嗯，还有奶奶。她老是打断我说话，洗屁股的水很烫，洗得又使劲儿，一点儿都不舒服。我不喜欢奶奶，我想让妈妈回来帮我洗，呜——

妈妈：嗯，妈妈也想你，但妈妈的学习还没结束，再过几天，妈妈就回去了。

女儿：嗯，好吧，那我抱着你的衣服自己睡小床，衣服上有妈妈的味道。妈妈，你唱首歌哄我睡吧。

妈妈：嗯，好的，小猪吃得饱饱……晚安！我爱你。

女儿：晚安，妈妈，我爱你。

这个倾听的过程，看起来好像是信手拈来，却需要妈妈花几天时间学习如何与孩子沟通才能做到。

4. 沟通是能量的传递

前些日子，西安的一位学员给我发来一个她积极倾听刚出生的婴儿的案例，也是我迄今为止收到的倾听对象最小的案例。

积极倾听对婴儿也一样有用，这是我第一次真实感受到的。米米才出生21天，今天使劲儿哭啊哭，开始我见她闭着眼，以为她困了，我就说米米困了，妈妈来摇摇。她还是哭，我竖着抱她还是哭，我以为她是肠绞痛就飞机抱，她还是不愿意。后来我注意到她的眼睛，看到眼珠上有根睫毛，我说米米眼睛里有睫毛（事实），不舒服了（感受）。她真的安静了。我说妈妈帮你弄出来，同时手碰她的眼皮，她又哭，我说米米不想让妈妈动，她又安静了。就这样她安静下来了。太神奇了！

跟婴幼儿的沟通是超越语言的。婴幼儿的懂不是对语言的懂，而是对所传递能量的准确解读，他用他的整个人感受外界，极其敏感。当然，这样的敏感有时会使他对外界能量毫无抵抗，甚至无法承受。所以，随着孩子慢慢长大，他会渐渐停止感觉，慢慢断开与他这份本质的联结。

印度电影《我的个神啊》，男主角来自外星球，他反复跟地球人说，我们那里沟通不需要语言，我们没有语言，我们只需要握着对方的手就知道对方想说什么。或许婴幼儿就是这样的，不需要语言，通过与能量的联结来沟通。他们是来自星星的孩子。

常常有父母问，孩子太小，有时还不太懂表达，如何对孩子使用亲子沟通的技巧呢？

我的经验是，哪怕是很小的孩子，也同样期待自己的感受被父母接纳，自己的需求被看见。孩子或许不能通过语言来回应，但是，孩子越小，能量的感受力越敏感、越纯粹，就像天然的情感感受器。

倾听七个月大的孩子

妹妹的孩子七个月大时，有一次从沙发上滑下来，摔到地上。孩子被吓到了，开始哇哇大哭。

妹妹抱着说："没事了，没事了，不怕，不怕。"孩子还是继续哭，我见状，抱过来说："哇，刚才被吓到了，好怕啊。""嗯，突然摔下来了，怕怕。"在这样两句话后，孩子平静下来了。

倾听一岁八个月大的男孩

一位深圳的妈妈跟我分享这个案例时，一直说"真是太神奇了"。一岁八个月的孩子，习惯了午睡有奶奶相伴，如果偶尔奶奶不在，会哭将近半个小时。有一天中午睡醒找不到奶奶，开始大哭。妈妈赶紧倾听："宝宝想奶奶了。"男孩"嗯"了一声，继续哭，妈妈接着说："宝宝好想睡醒时能看到奶奶啊。"这时，眼泪还挂在脸上的孩子回过头冲着妈妈笑，然后自己玩了起来。

倾听两岁十个月大的孩子

有一天妹妹要出门办事，让小满格跟着我，小满格令人意外地说"不要"。平常小满格都是很开心地跟妈妈拜拜，但这次不管妹妹说什么她都不愿意。妹妹想起小满格在来我家的路上问起二姨有没有在打电话（她最近突然害怕我打电话，仿佛电话另一头的陌生人很可怕），于是妹妹开始倾听她："你害怕二姨打电话。"小满格说："我怕二姨打电话。"我在一边忙说："那我不打电话了。"谁知小满格说："二姨放下打电话。"意思是把电话放在桌上，然后开扬声器。我说："好啊，如果有电话，就放下打电话。"我的话音刚落，小满格如释重负地说："妈妈拜拜，妈妈走吧。"

P.E.T.的积极倾听有剥洋葱核的作用，借由倾听，帮助孩子发现真正的问题。随着真正的问题被找到，一般来说，孩子就知道如何面对他的困扰了。

那天让我非常意外的是，哪怕是不到三岁的小满格，也会自己提出解决办法来。父母总是担心孩子无法应对他们遇到的问题，忍不住要给建议，其实孩子本来就很有智慧，只要我们愿意信任孩子有这样的能力。

妹妹后来跟我说，如果当时我们听了外婆的建议，给孩子一点儿吃的作为条件，我们便错过了一个了解孩子真正感受的机会，也错过了孩子发展自己解决问题能力的机会。

5. 有倾听，少执拗

对妈妈们来说，这样的事情时有发生。孩子说：我不去幼儿园，我不去上学，我不想去弹琴，我不去舞蹈课，我不去练跆拳道，我不去上美术课……实际上，这是孩子进入问题区的信号，孩子需要大人的陪伴与倾听。当孩子被倾听、被看见后，他们通常会改变行为或重新做出选择，而不再执拗于原来的选择。

这里展示的并不是完美的案例，两位妈妈在倾听过程中甚至存在"瑕疵"。更重要的是，妈妈放下了自己的预设与评判，在和孩子的沟通过程中保持同一频率，因而产生了截然不同的沟通效果。

我就要去游泳

今天小区内的游泳池开放了，女儿下午从幼儿园回来后就很想去游泳，可是今天晚上她正好有芭蕾舞课。女儿开始叫嚷着不去上芭蕾舞课了，她要去游泳。一开始我一直保持沉默，可她仍不罢休，嚷嚷个不停。我觉察到她处在问题区了，于是开始运用P.E.T.技巧处理这件事。

女儿：我就要去游泳，就要去游泳。

我：可是你今天晚上有芭蕾舞课。

女儿：我不要，我就要去游泳。

我：你很想去游泳。（我开始积极倾听）

女儿：嗯，我不去跳舞了，我就要去游泳，就要去。

我：你很想去游泳，你觉得游泳很有乐趣。

女儿：嗯，对啊。（女儿不再嚷嚷，语气缓和下来，沉默了一阵）

女儿：你不是说游泳池开了我就可以去游泳了吗？

我：嗯，是的。那舞蹈课那边，我怎么跟老师说呢？

女儿：妈妈，那你跟老师请假呗。

我：哦，你希望我能跟老师请假。

女儿：嗯，你跟老师请假吧，你说我要去游泳啦。

我：嗯，那我跟老师请假，说今天我们不去了，你要去游泳，今天耽误的课程我们过后再补上。

女儿：啊，还要补课啊？为什么？

我：因为完成了所有课时才是一个完整的学习过程啊。

女儿：我不想补课。

我：哦，这样啊，你不想补课。

女儿：可是我也很想游泳。

我：你很想去游泳，可是你觉得舞蹈课那边请假的话，过后还要补课，也挺麻烦的，你不想补课。

女儿：是啊。

我：嗯，你觉得挺难选择的。

（这里妈妈的深度同理，使女儿的态度发生了改变，并且女儿提出了自己的解决方案）

女儿：算了，我明天再去游泳吧，今天还是跳芭蕾舞好了。

我：嗯，你决定今天还是去上芭蕾舞课。

女儿：嗯，对。妈妈，明天你一接我回来，我们就去游泳好吗？

我：好的。

就这么愉快地决定了，女儿又高高兴兴地跑去看电视了。

这位妈妈感慨道："没学P.E.T.之前，我的处理方式肯定是灵活运用十二大绊脚石①，例如说教，'你不去上课，那怎么行呢，不去的话会怎样怎样……'或者命令，'不行，必须去……'又或者威胁，'不去的话，周末也别想去公园玩了……'弄得双方都进入问题区，孩子也在我的各种说教、命令、威胁下妥协，之后我又非常后悔和心疼，如此反复。学会积极倾听孩子，对每一个想成为智慧型父母的人来说，真是一门必修课。"

① 绊脚石：在 P.E.T. 里，当有任何一方处于问题区时，有些回应方式会阻碍沟通的顺畅进行，这些回应方式叫作绊脚石。包括以下 12 种：命令，威胁，指责，说教，争论，分析，建议，赞美，安慰，嘲讽，追问，转移注意力。

我不想去练跆拳道了

工作坊期间，这位妈妈的苦恼就是孩子突然不想去学跆拳道了，而且沟通无效。工作坊结束后，这位妈妈决定再次跟孩子进行沟通，结果出乎意料，她很欣喜地跟我分享了整个沟通过程。

妈妈：妈妈想和你谈谈你练跆拳道的事。你知道的，你练习跆拳道时妈妈基本没管过你，你自己练得很好的，现在突然不想练了是怎么回事？那天教练也和妈妈说，你有半个月没上课了，妈妈想知道到底怎么了？

> 这位妈妈做得好的地方是，以面质性我信息开始，而非责备的行为描述，并且坦陈自己的困扰。还可以更好的地方是，增加孩子不练跆拳道对自己的影响。

儿子：我不想练了。

妈妈：哦，你现在不想练了。

儿子：是啊。

> 面质完了，孩子表示不想练时，此处换挡转为倾听，是一个能让沟通继续往下进行的关键点。

妈妈：我看除了你，还有两个小朋友也不想练了，你们是一起的吗？

儿子：他们学我的，我不练，他们也跟着我不练了。

妈妈：你是队长，他们跟着你不练，你感觉很威风。

儿子：他们老是学我，讨厌。

妈妈：你不喜欢他们学你，觉得每个人都应该有自己的想法。

儿子：嗯，是啊。

妈妈：那他们想练吗？

儿子：我又不是他们，我怎么知道，要想知道，我只有去问他们了。

这一小段妈妈跑偏了，甚至开始使用"提问"这一绊脚石，孩子的情绪变得有些不耐烦。

妈妈：你们不同年龄的小朋友都在一起练，是不是很无聊？

儿子：是啊，那些动作我都会了，还老是要我练。

好在妈妈又回到主题了，并且使用了一个"门把手"的倾听方式，回到孩子的感受上来。

妈妈：你觉得那些动作已经会了，再练就没意思了。

儿子：嗯，是啊！还要换衣服，真的很麻烦。

被妈妈同理到了，孩子说出了真正困扰他的原因，所谓的洋葱核。

妈妈：哦，还觉得换衣服麻烦。

儿子：是啊！妈妈，以后你不要给我带衣服，就说忘带了，我不想换衣服。

问题的核心出现，孩子自己开始想解决办法。

妈妈：不换衣服，教练会说吗？

儿子：说啊！说不换衣服还练什么跆拳道，有时上课还大吼大叫。

妈妈：哦。

儿子：如果我上跆拳道课逃课会怎么样？

妈妈：估计教练会难过，就好比你正和几个小朋友讲故事，你的故事没讲完，其他小朋友没和你说原因就跑了，你有什么感受？

这位妈妈做得好的地方是，她没有对孩子进行说教，而是分享自己的看法，并且用了一个比方，让孩子体会当中的感受。

更好的做法是，在孩子提出这样的问题后，不是一下子就给答案，而是继续倾听，例如：你很想知道逃课会有什么后果。或许因为孩子这时已不在问题区了，所以在听了妈妈的分享后，孩子想出了自己的解决方法。

儿子：难过啊！好了，妈妈别讲了，我以后不换衣服去练习。如果有表演和考级，我再穿跆拳道的衣服，就这样解决吧！

虽然这不是一次完美无瑕的积极倾听，但因为妈妈与孩子保持同频，给孩子以回应和同理，最终孩子找到了自己的解决方法，而且是孩子和妈妈都接受的解决方法。所以，重要的不是完美的倾听，而是倾听者真正的倾听。

6. 问题是用来了解的，而不只是解决

通常当孩子出现一些我们所不能接纳或理解的行为时，我们总是急着去教育孩子什么是对错好坏，又或者下意识地否定孩子当时的状况，从而错过了一个深入了解孩子的机会，也让某些真相石沉大海，成为孩子不被看见的委屈。

在某次成都工作坊里，一位妈妈很苦恼，一个经常来家里玩的小伙伴要玩孩子的玩具，孩子什么都不让玩，本来没兴趣的玩具，小伙伴一拿，她就抢回来。妈妈想让孩子学会分享，但这种情况下，跟孩子说教再多，孩子也未必肯分享。

工作坊第一天结束，回到家遇到同样的情况。这位妈妈沉住气，没有说教，也没有多说其他，而是在晚上洗澡时，跟孩子聊起这件事。孩子坦陈了她的担心，说小伙伴会抢了她的玩具带回家。原来上次有个小伙伴看中了她的某件玩具，而奶奶出于客套，不顾孩子愿不愿意，硬是把玩具送给了小伙伴。

在孩子的成长过程中，物权意识是其发展安全感很重要的部分，属于孩子的东西，如何处置、要不要分享，都要尊重孩子。当孩子得到充分的尊重并感觉安全时，就会自发地分享。

有一次，小满格以为舅舅在吃糖，也想吃糖。于是我让弟弟张

开嘴巴给她看看，弟弟昂起头把嘴巴张得大大的，并说着"啊"。满格扑到我怀里说："我不要小舅'啊'，我怕小舅。"（她跟舅舅其实很要好）我抱起她，嘴里重复着："格格怕小舅'啊'。"她紧紧地抱着我，把脸埋起来。那天下午，她都在逃避小舅，念叨着"我怕小舅"。妹妹想起前几日在老家有个哥哥对着她做鬼脸，她当时被吓到了。

我直觉这可能是原因，所以开始跟她回溯并帮助她表达："哥哥对着你'啊'你害怕了，你不喜欢哥哥'啊'。"她回应我说："我不要哥哥'啊'。"我说："嗯，满格不喜欢哥哥'啊'。你看，这是小舅不是哥哥，小舅不会再'啊'了。"

小满格扭头看看小舅，嘴里念着"小舅不要'啊'"，人明显放松下来，很快恢复了跟小舅的亲近，跟小舅出去玩了。

所以，通过孩子表面的行为，了解孩子更深的动机或需求，比停留在事件表面更有助于解决问题。我常跟工作坊的学员分享一句话：问题是用来了解的，不是用来解决的。放下头脑，带着好奇心，带着开放的心，你会发现，原来孩子可以这样懂。

7. 看到真正的"洋葱核"

当孩子处在问题区时，我们可以通过倾听孩子来协助孩子表达。倾听的方式有基本倾听和积极倾听，P.E.T.经常使用的技巧是积极倾听。积极倾听的一个重要作用就是"剥洋葱"，困扰孩子的真正原因就是"洋葱核"。

上一篇提到的孩子不愿意分享玩具的案例，妈妈通过倾听，看到孩子最担心的是什么，了解了问题的核心，双方就可以一起来想想怎么解决这个问题，比如是不是小朋友玩玩具都会带走呢？这时候，孩子会或多或少地找到自己的方案，比如可以给别的小朋友玩，但是不能带回家。

这就是"剥洋葱"，通过倾听孩子发现真正困扰孩子的是什么。一旦孩子了解了真正困扰自己的是什么，对于大一点的孩子来说，"怎么办"的答案也就自然浮现了。

还有一点要说明：不是任何时候都需要"剥洋葱"，有时候对方只是被某个情绪困扰，未必需要"剥洋葱"。

当孩子有什么父母无法接受的行为发生时，父母最习惯的发问方式通常是"怎么办"，第一反应是怎样阻止孩子的行为。这样做治标不治本，如果不了解根本原因，孩子的某些行为还是会反复。

不要急着问怎么办，而是问发生了什么，这个问更多时候指的是问父母自己。

有一次，我在微课里分享了这个观点，然后有了下面这段对话。

她：安心老师，我的儿子现在快18个月了，还不怎么会说话，但是能听懂我的话。最近两周突然特别爱发脾气，一点儿不顺他的意就倒地打滚，出门和小朋友玩，激动起来就会抓小朋友的脸。我试过严肃地跟他说这样不对，也试过温柔地跟他说妈妈知道你很生气、很激动，我们可以用别的方式去表达，但是都不奏效。请问，有什么方式能有效地帮助他管理好自己的情绪呢？

我：亲爱的，就如你所描述的，孩子是突然有了这样的状况，这个时候不要急着告诉他什么是对、什么是错，也不要想尽办法试图阻止他的这种行为，而要去好奇，发生什么啦？孩子为什么会有这样的行为？

她：最近，我和他爸不停地争吵、冷战，可能是因为这个，有一段时间我经常抱着他落泪，他就静静地看着我。

我：很有可能是这个原因，孩子身处的外在环境突然发生这么大的变化，这种能量会让孩子不安，他不知道到底发生了什么事，所以通过发脾气等方式来释放他的焦虑。

知道了原因，我们就知道怎么办了。18个月的孩子跟母亲的联结还非常深，最好的方式当然是母亲做调整，尽快从情绪中走出来。如果无法调整，那也没关系，坦诚地跟孩子表达：妈妈现在不开心，但这是妈妈的事情，跟宝宝没关系。最怕的就是妈妈不开心还要假装开心，孩子感受到的能量和妈妈告诉他的不一致。这时候，孩子可能会很困惑，因而出现某些我们不能理解的行为。

小满格有段时间很抗拒上幼儿园，有时接她放学后，她会说："妈妈，我今天没有哭，我很乖。"

有一天妹妹意识到，有好几次她跟孩子说"妈妈希望你开心地上幼儿园"。这些话可能给孩子带来了很大压力，她重新跟孩子说："宝贝，妈妈不应该说要你在幼儿园开心，你开心或者不开心都是可以的，想哭就哭，想笑就笑。"满格很怀疑地看着她说："哭也可以吗？真的吗？"

第二天早上，满格笑嘻嘻地说："妈妈，我今天在幼儿园是要哭的哦。"妹妹说："想哭就哭。"她就假装大哭一声，然后大笑着跑开，开心地去幼儿园了。

在这之后，满格不再抗拒去幼儿园了。老师们也反馈说，她这些天有很大变化，更放松、更投入。

早上准备出门去幼儿园的孩子，突然哭着说要回家，看看西安的一位妈妈如何通过倾听帮助孩子找到真正困扰他的问题。真正的困扰一旦被倾听，问题的解决就容易多了，孩子也会想出自己的解决办法。

（孩子哭闹着要回家，不去幼儿园）

妈妈：好，妈妈知道你想要回家，你哭的话，妈妈担心弟弟会被吵醒，我们去外面说。

（在外面找了张凳子坐下来，孩子一直在哭，并碎碎念：妈妈，我就要回家）

妈妈：哦，妈妈懂了，妈妈也很想家。可是现在还是早上，太阳刚升起来，妈妈要去上班，你要去幼儿园。放学后妈妈接你回家，好吗？

孩子：（哭得更大声了）妈妈，我不去幼儿园。

（似乎另有原因，继续倾听）

妈妈：嗯，可是你不想去幼儿园。

孩子：我要回家，我不去幼儿园。

妈妈：哦，回到家，你就不用去幼儿园了。

孩子：（哭声慢慢小了）妈妈，我不去幼儿园。

妈妈：嗯，看起来真的不想去。可是前两天你不是很开心吗？发生什么事情了？

孩子：（哭得更大声了）我没有20个弟弟。

妈妈：（瞬间明白了，忍着笑）哦，昨天答应老师让妈妈给生20个弟弟，可是现在没有。

孩子：嗯，老师要弟弟。

妈妈：哦，现在没有20个弟弟，你担心老师要家里的弟弟。

孩子：嗯。

妈妈：哦，妈妈知道了。那妈妈想确定一下，你是因为妈妈没有生出来20个弟弟，担心老师要家里的弟弟，还是反悔了不想给老师任何一个弟弟？

孩子：我反悔了，妈妈再生的弟弟还是我的。

（昨晚说让再生20个的时候，爷爷在旁边说，妈妈再生20个还是你的弟弟啊，当时他很纳闷，睡了一晚估计想明白了）

妈妈：哦，这样啊，妈妈再生的弟弟还是你的弟弟，你不想送了。那怎么办呢？

（停止哭泣，思考）

妈妈：（着急上班，给孩子出主意）要不然我们送个苹果给老师，然后跟老师说，老师，我可以分享好吃的，但是我们家弟弟不能送人。好吗？

孩子：那好吧。妈妈，你说。

妈妈：你需要妈妈告诉老师吗？

孩子：嗯。

妈妈：好，妈妈一会儿告诉老师，我们反悔了，以后不送弟弟了。

情绪稳定了，我们一起去幼儿园。老师抱起他，然后我兑现承诺，跟老师说，我们家弟弟不能送人的。老师笑着说："好的，那我们自己生吧。"

我终于明白为什么孩子昨晚半夜突然不睡觉，坐到弟弟脚底下。我以为他想要睡在弟弟这里，原来是担心弟弟被送人啊！

第一次运用P.E.T.剥出了"洋葱核"，原来真的不是想回家那么简单，也看到了三岁多的孩子对承诺的认真。

8. 表达真实感受，核实彼此信息

孩子不适应幼儿园是一个老生常谈的话题。有的妈妈采用环境调整，为孩子换一家幼儿园；有的妈妈接纳孩子的行为，不去幼儿园，自己在家带孩子，过一段时间后，孩子自己提出要去幼儿园；有的妈妈处理了自己的焦虑情绪后，孩子去幼儿园不再是问题。

很多父母问我遇到这个问题应该怎么办，我无法告诉他们具体的方法，但是可以分享如何与孩子沟通。下面分享一个P.E.T.讲师六月记录的案例。

一位妈妈，她六岁的儿子最近在幼儿园常常受伤，额头的包还没消，脸上又挂彩了。这位妈妈心疼儿子的同时，也觉得奇怪，儿子一向都不是惹事的孩子，最近这是怎么回事呢？之前，每次儿子带着伤回家，妈妈通常的沟通方式是追问孩子发生了什么，并且责备孩子怎么不会保护自己。孩子不仅没有向妈妈倾诉事情的由来，还跟妈妈发火大吼。妈妈越发困惑不解，她越是想让儿子强大起来，现实越是事与愿违。我与她分享了自己所理解的P.E.T.运用技巧和内在态度。与我聊过之后，她调整好自己，在一天儿子放学回家后，和他进行了一次不一样的沟通。

　　"儿子，最近妈妈看到你的脸上、头上总是有伤口，妈妈很心疼。"儿子沉默着，但是没像以前那样发火吼叫。妈妈继续："而且，妈妈还很好奇，为什么你以前很少受伤，最近却经常受伤。"

　　　　这里，妈妈坦诚地表达了自己的真实感受。这完全不同于追问或指责，指责会引起孩子的对抗，追问会引起孩子的防备，这些做法都会让孩子关闭心门，拒绝跟妈妈沟通。妈妈因此陷入更强烈的情绪，儿子面临的困扰也不会消除，这显然不是我们想要的局面。

　　儿子嘟嘟囔囔地说："是×××用棍子打的。"

　　　　妈妈的态度一旦有所改变，孩子立即就能感受到，并收到这份真诚的关爱。于是，孩子向妈妈敞开了心扉。

　　妈妈："哦，×××打的。"

　　儿子："嗯，他们玩军人游戏，老拿着棍子到处跑。"

　　妈妈："他们玩游戏到处跑的时候，不小心打到你了。"

儿子："不是不小心，他是故意打我的。"

妈妈开始倾听孩子。当妈妈把自己理解的信息反馈给孩子的时候，孩子会进行纠正，这样的核实在倾听过程中时有发生。

妈妈："哦！原来是故意的。"

儿子："他们看我不参加，就故意打我。"

妈妈："这样啊！"

儿子："可是我根本就不想玩那个游戏！"

妈妈："你不喜欢那个游戏，他们强迫你，还故意伤害你。"

儿子："就是啊！天天都这样！明天还会这样！"

妈妈："你担心他们还会这样对你。"

儿子："那怎么办呢？"

妈妈："嗯，是啊，得想点儿办法保护自己。"

儿子："老师有两次看到了，也教育他了，可他还是那样。"

妈妈："嗯，老师有时帮得上忙，可有时也没看到。"

儿子："是啊，怎么办呢？"

妈妈："嗯，我们得有个办法。"

最后，他们找到的办法是，看到玩军人游戏的孩子走过来，就主动说："我很想和你们一起玩，但我不喜欢玩军人游戏。我们一起玩×××游戏吧？"

然后，孩子在幼儿园按这个办法主动询问对方，对方点头说"好"，然后男孩们就一起玩了。

9. 倾听，是我们能给出的最好礼物

倾听是人与人之间能馈赠的最珍贵之物，有时无形之物比有形之物更珍贵。无形之物，既为无形，定是发乎于心，而所有的"心"当中，同理心最为难得。要做到同理心，不带评判、设身处地、感同身受是最基本的。

如何拥有同理心呢？最好的方式便是倾听。一次充满同理心的倾听，能滋养对方的身心；一次不带评判的倾听，能温暖对方的世界。

在P.E.T.父母效能训练课程里，其中一项重要的内容就是让父母学会倾听孩子，通过倾听打开父母与孩子之间沟通的神秘通道，构建更好的亲子关系。实际上，倾听不仅适用于亲子之间，在所有的人际关系里，倾听都能让彼此增添更多的联结或理解，让关系更为融洽。

如果说每个人都是一座孤岛，那么倾听就是让我们走向彼此的桥梁。借着倾听，走入彼此的世界，温暖彼此的胸膛。

把倾听当成最好的礼物，赠送给他人，联结彼此，感受情感流动的美。

把倾听送给小孩

在此之前，我们要先了解何为倾听。一位妈妈说，我就算倾听了我两岁多的女儿，也帮不了她啊，没用，她还是只想跟着我，不想跟着她爸爸。我好奇地问："你是如何倾听的呢？"

她说："我女儿说妈妈我不想你去上课，我想你在家陪我。我听完后告诉她，那怎么行，妈妈得去上课，陪不了你，爸爸陪你，女儿听完还是大哭。"

我说："亲爱的，你以为这是倾听吗？这跟倾听毫无关系啊，你根本没听到你的女儿在表达什么。"

当天我们的课程内容就是倾听，第二天这位妈妈非常兴奋地分享了她昨晚倾听女儿的过程。临睡前，她告诉女儿，明天妈妈还要去上课。女儿当然开始抗拒，说不要。这位妈妈这次开始真正倾听了："哦，你不要妈妈去上课，你想让妈妈在家陪你。"女儿说："是的。"她继续说："你想让妈妈陪你，可是妈妈明天还是得去上课啊。"然后很意外地，两岁多的小女儿开始想解决办法，比如让爸爸去上课，或者妈妈带她一起去上课。这位妈妈再次倾听孩子后，跟孩子解释这两种方法都行不通，但是妈妈会早点儿回家。

令这位妈妈兴奋的是，第二天早上，孩子在她要离家之前，跟她挥手说"再见"。而在前一天，孩子还哭闹着不肯让妈妈走。

这位妈妈送给孩子的就是一份倾听的礼物，而这颗小小的心灵在被看见后，也以理解作为礼物回馈给妈妈。

把倾听送给大孩子

在婴幼儿的倾听案例中，我经常听到一些父母感叹："太神奇了，当我倾听孩子之后，孩子居然是这样的表现。"事实上，对大孩子的倾听一样令人动容。下面的分享来自成都的妈妈，她倾听的是她九岁的儿子。

刚下班回到家，儿子就拉着我说开了。

儿子：妈妈，我今天在外边跟别人打架了！

妈妈：哦，打架了。

儿子：嗯，他想骑我的自行车，我没同意。他就说我那个破车最多一百块。我说我花一千块买的。然后，他就用脚踢了一下我的车。我很生气，就对他说再踢一下试试，结果他就又踢了一下。我实在忍不了，就踢了他……

（然后开始描述打架的过程）

妈妈：嗯，你真的很生气。

儿子：骂我可以忍，但是踢我的车，给我带来财产损失，我当然忍不了。

妈妈：他踢你的车，让你无法忍受。

儿子：是啊，就算打死他，也是他自己的问题。

妈妈：哦，你觉得就是打死他，也是他自找的。

儿子：就是自找的。那跳楼的人，跳下去摔死了，也不能怪楼房啊。楼房只是给他提供了高度，又没喊他跳下去。

（妈妈沉默，点头）

儿子：妈妈，要是把他打死了，警察会来抓我吧？

妈妈：是的，打死人是要负法律责任的，听上去你有一点儿担心。

儿子：哦，我倒是不会把他打死。妈妈，会不会打成脑震荡啊？

妈妈：你担心对他的伤害有点儿严重。

儿子：嗯，不过应该不会。

（开始描述自己出手的时候注意了力度）

妈妈：其实你并不是真的想伤害他。

儿子：是啊，可是太让我生气了。

（妈妈点头）

儿子：唉，下次再碰到这样的人，我不会理他的，无聊！

妈妈：嗯，好像和他较真儿也没什么意思。

- -

看到了这个案例的那天，我正好跟一位朋友吃饭，于是，我把案例随手给他看。看完后，他眼眶湿润，略显激动，说："安心，你知道吗？你在做的是非常有意义的事情，你不知道父母能这样去倾听孩子，对孩子的影响有多大。这个被滋养的小小灵魂，有一天也会这样去滋养其他人，如果他将来在某个重要岗位上工作，那他将滋养更多人，而这一切，皆因他小时候被这样滋养过。"

是啊，谁说不是呢，或许某天这个小小的灵魂滋养的就是你。

把倾听送给陌生人

倾听，能滋养我们身边的人、我们熟悉的人。而在广州刚参加完工作坊的瑜恒，用倾听滋养了一位陌生人。

周五傍晚下课，我从地铁站出来后拦出租车。一辆车停下来，司机半开窗，面无表情地问"去哪儿"，听我说出目的地，迟疑片刻后让我上车。

我：师傅，你是不是很担心乘客要去特别拥堵的地方？

司机：对啊！

（沉默）

到了一个拐弯处，前方车辆开得很慢。

司机：什么狗屁车！我下车帮你开过去算了。真是慢死了！……

我：看着就着急，恨不得你帮他开好了。

（沉默）

接着又遇到一段比较堵的路，司机叹气。

我：广州周五下班时间都特别堵吧？

司机：是啊，没完没了。

我：你们司机就更辛苦了。

司机：（似乎有点儿不好意思）所以说嘛，心烦，脾气不好。（打开了话匣子）我儿子给我打电话，让我早点儿回家陪他，我哪儿有时间啊。

我：嗯，其实你也想多陪陪孩子。

接着，司机说了一段家人的事，我不知道说什么，就认真倾听。

到达目的地，我说："谢谢师傅！"

司机笑着说："是我谢谢你！"

把倾听送给所有人

把倾听送给父母，把倾听送给伴侣，把倾听送给朋友，把倾听送给自己。施与与接受，本就是同一件事，送出的时候，就是收获的时候。

倾听，是我们能送出的最好礼物。这份礼物，同时丰盛了彼此。

chapter 3

负责任

在养育孩子的过程中，我时常看到这样的悖论行为，父母一边责备孩子不够独立自主，一边却在剥夺孩子的自主权。这种状况举不胜举，孩子说我想吃这个，父母说这个不能吃，孩子说我想这样，父母说你不能这样。我们很多时候都在替孩子决定他的事情，小到吃喝拉撒，大至孩子的所思所想。

于是，孩子渐渐觉得，我不需要为自己负责，反正都是父母说了算。"他人会为我负责"的惯性养成，孩子会变得依赖，父母又开始埋怨孩子一点儿都不自主。

孩子是完全独立的个体。作为父母，分不清楚界限的负责任就是在扼杀孩子的自主性和独立性，阻碍孩子发展自己的力量。美其名曰负责任，实质却是控制，是父母的恐惧，而不是孩子的需要。

可怕的是，由于我们从小没有学会自我负责，很容易变成受害者，认为自己的错全都是别人造成的。一个人一旦成为受害者，他与世界的关系就变得很差，因为受害者身上同时会携带主动或被动的攻击。

另一方面，在父母潜移默化的影响下，没有学会自我负责的我们也会用父母的方式养育自己的孩子。我们虽不会自我负责，却又开始越界，去负责孩子的人生。

我的一位朋友，她的老公就是典型的大大小小的事情都由父母决定的人，当她要跟老公离婚时，甚至离婚的事情都是他的父母来跟我的朋友谈的。因为没有学会自我负责，这类人很难成为一个"成年人"。成年与否，不是看身体，而是看心智。成年，意味着心智成熟，意味着过往种种不再能成为借口，意味着完全地自我负责。

有一次在课堂上，一位爸爸恍然大悟，明白了他九岁的儿子为什么看起来像是个六岁的孩子。他说，儿子从小到大，所有事情都是他在决定、他在负责，儿子根本就不需要为自己负责，所以也就不用成长了。

很多时候我们混淆了负责任和爱，爱无关责任。最好的状态是我们爱孩子，责任留给孩子自己承担。作为父母，我们分不清楚控制和爱，常常以爱的名义实施控制而不自知。最常见的控制之一就是"为你好"，或隐性的控制——提供"帮助"。不要再以爱的名义来操控孩子，允许孩子为自己的生命负起责任。

父母也要为自己负责任，当孩子有行为干扰了我们满足自己的需求时，负责任地去跟孩子表达我们的感受和需求，并且积极寻找令双方满意的解决方法。

对于父母来说，为自己负责任，就是不断让自己成长，让自己完整。当我们越来越成熟时，我们才能以生命影响生命，才能成为孩子的榜样。

1. 能自我负责就能自律

父母总想教育孩子，运用外部力量来规范孩子的行为，很多时候带着不信任和恐惧，不信任孩子有自我管理能力，恐惧孩子会变坏。所以，父母不停地说教、命令、威胁，甚至使用暴力，或者隐性操控。

最好的教育是信任与理解。当一个孩子被理解、被信任时，他就会知道怎样为自己负责任，产生自律行为。自律的产生，来自孩子的内在动力。

一位学员跟我们分享了发生在她家的故事。

学P.E.T.之前：

儿子（四岁半）：妈妈，我最喜欢超车了。

妈妈：超车？超车是很危险的，我们不能随便超车。

儿子：不嘛，我就是喜欢超车！

然后孩子开始发脾气。妈妈觉得无法理解孩子。

学P.E.T.之后：

儿子：妈妈，我最喜欢超车了。

妈妈：哦，是吗？

儿子：我最喜欢在家里玩玩具超车和电视里的赛车。

妈妈：嗯。

学P.E.T.之前：

（玩具倒了，很快就去安慰孩子）

儿子：积木倒了，我不要积木倒掉。

妈妈：没关系，妈妈帮你扶起来。

儿子：不要，我就是不要积木倒掉。

妈妈：……（抓耳挠腮）

学P.E.T.之后：

儿子：积木倒了，我不要积木倒掉。

妈妈：宝贝，积木倒了你很难过。

儿子：嗯。

（过了两分钟）

儿子：那我把积木重新搭起来。

这就是选择教育和选择理解信任的区别，我们可以由此看到孩子截然不同的反应。哪怕是四岁的孩子，被理解之后，也会主动调

整自己的行为。

父母与其担心孩子，不如成为孩子最好的支持者，用爱充实他们的心灵，而长出与风雨共舞的翅膀是他们的本有智慧，是与生俱来的。与其去教育，不如去爱。一个内在感觉安全、被接纳的孩子，会进行自我教育，发展出健康的人格。

当然，不教育并不意味着放纵，当孩子的行为给我们带来干扰时，我们不能直接告诉或命令他该如何做，而应敞开自我，坦陈感受以及该行为带来的影响。用我信息告诉孩子，哪些行为能接受，哪些行为不能接受，有时甚至可以态度强硬一些。当孩子的行为完全不可以接受、完全不能再发生时，父母需要坚定、强硬、内外一致地表达。

重点在于，孩子要为自己的行为负起改变的责任。举例来说，孩子播放音乐声音很大，父母表达了这个声音对自己的干扰，但并不告诉孩子该如何做，孩子自己决定戴耳机或者回屋听音乐，他承担改变的责任，自己想办法解决问题。

被理解、被信任的孩子，更能学会为自己负责，当然也会更自律。

2. 觉察与自我负责是疗愈的开始

有时候就算成长了，我们也未必能学会自我负责。如果卡在某些概念里，说不定还会走偏，比如说"内在孩童"。

很多疗愈课程一再提到拥抱你的内在孩童。曾经我也相信这一说法，渐渐地，我迷惑了，因为我探索到的内在孩童是某个事件中未被释放的感受，或形成的某种信念，而不是说我内在还住着一个孩子。

经过多年的好奇探索和思考，我发现内在孩童其实是一个象征性说法，代表着某个过去的事件。真正的疗愈离不开觉察和自我负责。去看见那些曾经被压抑的感受，挫败、沮丧、伤心、难过、悲伤、生气或愤怒，然后学会负责任，去表达出来、呈现出来。

真正的疗愈是，对于你曾经产生的一些错误的信念，比如妈妈不爱我，比如我必须努力，比如男人都不可靠，等等，成人的你有能力再次客观地看待这些信念，并做出调整，而不是在心里去想象一个孩子，然后去陪伴这个孩子，或者把这个孩子养大。

疗愈就是已经成人的你学着负起责任，去表达曾被压抑的感受，用成人的眼光重新审视某种信念。把内在孩童具象化，反而可能会让你深陷其中。若相信你内在有一个受伤害的孩子，活在受害者的角色里，沉溺其中，那么内在孩童不但帮助不了你，反而会成为逃避成长或不为自己负责的一个好借口。

你就是你，成人的你，与其去想象内在有一个孩童，不如想象内在有一个成人，一个能自我负责的成人。

3. 做能为自己的情绪负责的父母

如果我们总是被卡在一些旧有的事件或情绪中，很容易就会把这部分经历投射到其他关系中，从而给关系带来一些不好的影响。所以，为自己的情绪负责，是父母必修的功课。当父母能为自己的情绪负责时，才能跟孩子更好地沟通，表达当下的感受，而不是释放过往压抑的情绪。

下面案例中的妈妈，我一路看着她因孩子踏上成长之路，不断地发现自己，疗愈自己。大概两年的时间，她由一位焦虑的妈妈，成为现在心志笃定、放松且有力量的妈妈。这一切，都因为她有着不断往前走的勇气与决心。

我们一起来看看她是如何从孩子身上收回投射，为自己的情绪负责的。

我发觉，每当冬冬进行一些可能会受伤的行为时，比如拿着玻璃杯跑（昨天就这样摔了一跤，摔碎的杯子划破了手），把筷子放在嘴里来回玩，同时身体扭来扭去，我都不能平静地跟他说话，而是瞬间由担心变为发怒。

我试着去探寻我为什么不能好好和孩子说话，而要发怒的原因，我意识到，原来我潜意识认为，即使和他说了，他也不会改变自己的行为，还是会我行我素。基于我一开始就断定结果不会改变，所以一开口就已经发怒了。

我继续问自己，为什么会这样断定他不会改变自己的行为呢？突然一个声音浮现出来：因为他不会听。

我很纳闷这个声音是怎么来的，然后马上就明白了，这个声音是我长期以来的一个幼儿决断，是我自己的声音，是我自己在幼儿时期就在潜意识中下的一个结论：我说什么，他都不会听的。（他是我的父母）

意识到这点后，我知道我是把自己幼年和父母的相处模式投射给孩子了。从那以后，在跟冬冬相处中，我时常会看到"孩子不会好好听我说话"只是我的一个预设幻想，所以从一开始就能真诚地跟孩子沟通；有时候我在对话中间看见自己无意识中又夹杂着这个幻想了，就会停下来，重新去沟通。

至于父母，他们现在还是不听我说话，而且我还是不敢跟他们说我的心里话，但没关系。幼年的我，没有父母的照顾，会无法生存下去；现在的我，已经能够满足自己了。

4. 在亲密关系中映照出自己

她给我留言，语气与往常不同，我直觉她可能遇到什么事情了。但是当她开口问我时，我还是感觉有些突然。她说，我要离婚了，有件事情我要向你咨询一下，离婚会伤害孩子吗？

大概所有想离婚的人都害怕伤害孩子、影响孩子。但孩子不是要不要离婚的理由，孩子承担不了那么大的责任，你的幸福是你的责任，不是孩子的。与其让孩子战战兢兢地生活在一个父母争吵或貌合神离的家庭环境中，还不如让孩子看见父母彼此愿意为自己负责。这样的分开，或许更有利于孩子的成长。

试想一下，多年后你告诉孩子，当初我是为了你才委屈自己选择不离婚，言下之意，都是为了你，我牺牲了我自己，牺牲了我的幸福快乐。这对孩子来说，简直就是生命中不能承受之重，孩子的内心会背负很大的内疚感，这样的内疚感会让孩子一辈子都觉得亏欠你，在你面前抬不起头，或者因承受不了而逃离，甚至不敢让自己活得幸福快乐。

然而真相只不过是你自己没有离婚的勇气，没有面对的能力，拿孩子当借口而已。离不离婚是你自己的事，别拿孩子当挡箭牌。

当然，以上这些话，我一句都没跟她讲。我顺着她的话问：

"哦，你要离婚啊？"然后我认真倾听，她细说缘由，聊了好一会儿，我对她想要离婚没有给出任何评判或建议，只是在她问一些问题时，分享了我的看法，比如离不离婚并不重要，重要的是你清楚自己到底发生了什么。

后来，我收到了她的留言：

安心老师，今天和你的交流收获非常多，谢谢！你问我为什么对他说脏话特别不能接受，我当时脱口而出"知道"，并说是由于原生家庭的影响。事实上这个答案是存在于我潜意识中的，我之前一直觉得我不能接受是因为这样骂人很侮辱人，但事实是因为恐惧，令我想逃离的其实不是这段关系，而是经受责骂时的恐惧，我一分钟也不想再经受那样的恐惧，那会让我回到童年那种无助的恐惧当中。其实我并没有准备好真正分开，我只是在逃离，如果不做好这次功课，以后我在别的关系中还是会重复这个课题。你说的非常触动我的是，结束一段关系其实很容易，一张纸的事情，但面对结束关系后的痛和成长是一件很难的事，这给了我不一样的思考方向，也给了我在目前狂热的状态下的一针清凉剂，谢谢！

收到这段留言，我很高兴。我高兴的不是她不离婚了，在我看来，不带觉察、没有成长意愿的关系，有和没有都一样。正如爱尔兰戏剧家萧伯纳所说，想结婚就结婚吧，想单身就单身吧，反正到最后你们都会后悔的。所以，离婚还是不离婚，不是我关注的重点。我开心的是，借由此事，她愿意去看见自己，去面对自己旧有的伤口。其实她只是把孩童时所经历的恐惧投射到她老公身上，她害怕一次次经历那种恐惧。好在她意识到，离婚只是逃离，匆忙地离开，终究是在逃离自己。

而有些人逃避的方式是选择留在婚姻中，为了保有婚姻而忽略和委屈自己。所以，离不离婚不是问题，问题是你是在靠近自己，还是在远离自己。

当有一天你准备好去面对和超越自己的课题时，或留下或离开，心中都是清清明明、无怨无悔。

我们身处的各种关系中，经常暗藏着修炼我们的大师。他们会映照出我们的人生课题，让我们在关系中经历各种痛苦，直到我们勇敢面对，大师才功成身退。

亲密关系尤其如此，我们旧有的伤口、内在的匮乏、落空的期待，还有猜忌、恐惧、嫉妒、愤怒，经常在亲密关系中清晰地被呈现出来。因此，我们常常想逃离亲密关系，但终归无处可逃，因为人人皆是自己。

5. 不完美，不妨碍成长

弗洛伊德曾说，再完美的父母也会养出伤痕累累的孩子。

托马斯·戈登博士则认为，比起完美，做真实的父母更重要。初学P.E.T.的父母，经常会懊恼自己做得不够好。对此，我常跟父母们分享"内省不疚"，我们可以不断反省，但真的无须内疚，在每个当下，你就是最好的你。

况且，P.E.T.父母效能训练，如同任何新事物的学习，不能一蹴而就，需要不断实践，才能从最初的磕磕绊绊，最后达到无意识熟练运用的阶段。怎样才能缩短这个过程呢？

微微辣根据她多年的经验，提出了"战后重建"的概念。家庭生活中，有时难免会出现鸡飞狗跳、一片狼藉的时刻，所幸我们永远都有机会反省，并进行"战后重建"。其中很重要的一步就是"复盘"，对已经发生过的事件进行回顾、总结，看到自己做得好的地方，也看到自己可以做得更好的地方。

P.E.T.讲师慧丽为我们分享了她复盘的过程。

- -

我分享的案例并不是完美案例，而是我的失败案例，为什么拿出来做分享呢？因为最近我在负责《P.E.T.父母效能训练》的读书会，一些朋友觉得书上介绍的方法很好，但是不知道怎么用。实践这些方法，一开始肯定会犯错，该面质的时候不面质，该倾听的时候不倾听，甚至在那个当下，我们自己的情绪也非常高涨。

如果我们能意识到自己犯错了，这就是最大的进步，如果能记录下来，并且进行复盘，错误就会成为我们成长的最大资源。

事件背景

苗苗是我的小儿子，三周岁。墨墨是苗苗的好朋友，也是楼上楼下的邻居。

昨天，苗苗和墨墨一起从幼儿园回家。走到楼下准备坐电梯的时候，苗苗先按了往下的按钮，墨墨紧接着按了往上的按钮。苗苗急得快哭了，说："不可以再按了。"然后冲过去用手戳在墨墨眼睛上，并且还狠狠地往里抓，我和墨妈吓得赶紧把他们分开。

我压抑着心中的怒火，说："苗苗不能抓墨墨的眼睛，要是眼睛受伤就看不见了。"苗苗听了我的话，立马大哭起来。这时电梯来了，墨妈说她带墨墨先上去，我说"好"并向墨墨道了歉。苗苗见墨墨坐电梯上楼去了，哭得更厉害了，要我抱抱。

我抱着他，等他平静了一些后，我说："苗苗抓了墨墨的眼睛，墨墨会很痛的。"听了我的话，苗苗直接趴在地上大哭起来。

哭了三四分钟后，苗苗自己爬起来，擦擦眼泪走到墙角，背对着我站着，嘴里还嘀嘀咕咕地说着什么。看着他小小的身影，我真是又好气又好笑，心里也平静多了。

这时电梯又来了，苗苗过来看了一眼，"哼"了一声又走到角落去了。我说："妈妈想上去了，苗苗要不要和我一起上去？"苗苗有点儿不想理我，可是我真的有点儿内急，就说："妈妈想上厕所了。"他突然又哭着走过来让我抱。

我意识到苗苗有需要被我看到的部分，等他哭声小了一点儿，我说："刚刚苗苗不想让墨墨按往上的按钮，是吗？"苗苗听完哭得更委屈了，我接着说："苗苗看见墨墨按电梯很着急。"他"嗯"了一声，突然不哭了。

当我记录这件事情的时候，我看到自己对墨墨和墨妈有太多的内疚。苗苗之前一再咬、戳、踢墨墨，墨墨每次都很包容苗苗，墨妈甚至担心我会觉得不好意思，还给我发短信安慰我，说墨墨没事。而我当时陷入了自己的那些"应该和不应该""对与错"中，陷入自己的情绪中，没看到苗苗的着急、委屈，没看到墨墨的惊吓。

复盘

在事情发生后，找个安静的时间，我开始倒带回放。苗苗抓人时，我真的吓坏了，因为苗苗的手指在墨墨的眼睛上用力地抓，万一墨墨眼睛受伤了怎么办？除了惊吓、恼火、责怪、担心、害怕这些情绪一涌而上，变成一团怒火压在胸口。

其实，这个时候我进入了问题区，应当发面质性我信息："妈妈刚刚吓了一大跳，真的很担心墨墨的眼睛会受伤。"

如果苗苗有情绪了，换挡进行倾听："苗苗看见墨墨按了往上的按钮，特别着急。"苗苗如果能平静下来，可以转向关注墨墨："墨墨刚刚是不是被吓到了？"如果墨墨认同这个感受，可以转述给苗苗："墨墨刚刚被吓到了。"

接下来可以向墨墨转述苗苗当时的感受："苗苗看见你按了往上的按钮，他太着急了。"其实墨墨可能也有他的感受，这个部分也可以转述给苗苗："墨墨是担心按了往下的按钮，电梯就往下走了，就到不了家了。"

墨墨觉得痛的那个部分，如果孩子表达出来了，也可以转述给苗苗："苗苗那样，墨墨会很痛。"

如果孩子们都平静下来，可以用第三法帮助他们解决这个冲突。可以跟他们说："苗苗只想按往下的按钮，墨墨担心这样会上不了楼，那要怎么办呢，我们一起玩个想办法的游戏吧。"

对于墨妈，等孩子的事情解决好之后，可以向她表达："你当时吓了一跳吧，我也吓坏了，真担心墨墨的眼睛会受伤，现在想想都后怕。"

墨墨走后，当我说"苗苗抓了墨墨的眼睛，墨墨会很痛的"之后，苗苗直接趴在地上大哭时，我应该倾听苗苗："妈妈这么说，你不开心了。"然后看孩子怎样回应，再继续倾听。

对于小朋友的冲突，之前我是非常害怕的，当我有过几次失败的经验，并进行复盘以后，我发现之所以失败是因为自己只关注事情本身的对错，过多地评判孩子应不应该那样做。其实冲突发生的时候，首先应该关注孩子的情绪、感受。等孩子都走出问题区后，再让孩子看到其实在冲突发生的时候，有很多其他的解决办法。

当我们能够用一种好的方法向孩子展现如何解决冲突的时候，孩子就会学习关心对方的感受，也会懂得冲突并不是一件坏事，也会学习解决冲突的智慧。

复盘后

当时没有表达的，事后再去跟各位当事人表达。可以告诉孩子，当时妈妈有哪些地方做得不好，本来可以怎么做。如果能向孩子承认自己的错误，其实也传递给孩子一种信息：犯错没关系，妈妈也会犯错，也有做得不好的时候。P.E.T.鼓励我们做真实的父母。

记录下这些时，我因感动而泪流满面。因为对事情的重现，我看到了孩子的"伟大"之处；我看到墨墨对好朋友的包容；我看到了墨妈的理解；我看到自己是如此幸运，拥有如此好的朋友；我也看到友谊在两个孩子和两个大人之间流动，看到自己的一点点进步。真的很感恩这一切！

第二天，我用两个玩偶——一只企鹅和一只兔子，和苗苗一起用游戏的方法重现了昨天的事情。我们用第三法想了一些办法，最后苗苗自己选择两个玩偶各按一次电梯，然后一起坐电梯回家。我说："哇，那下次苗苗和墨墨都想按电梯的时候，苗苗和墨墨也可以玩这个想办法的游戏。"苗苗很开心地说："是的，可以和墨墨一起回家。"

孩子就是这样引领我们成长。为人父母，我们无须完美，也真的做不到完美，但我们可以选择更真实地去面对。这个过程就是对孩子的爱，也是对自己的爱。

很感谢慧丽用心地把整个过程记录下来，给我们提供了复盘的案例，示范和鼓励了我们。你也可以发展出属于你自己独一无二的复盘方式。学习成长绝非一蹴而就，只要我们愿意为此负责任，哪怕做得不完美，也能继续成长。

6. 走出戏码，为现在的自己负起全部责任

这一天，我们三个女人一起，刚开始是闲话家常，有一搭没一搭闲聊着，不知怎的就聊起彼此最大的功课。我们都是在成长路上走了超过十年的人，各自的人生都有了很多转变，但有些戏码仍然不肯放下。

十年的成长，玫变得温暖，善解人意，不随大溜，是特立独行的典范。但她很多时候担心自己的孩子，瘦了担心，胖了担心，生病了担心……是焦虑恐惧型。

艳就像斗士，不断探索超越自己，很多人从她身上感受到力量，赞叹生活原来可以这样过。但她还是时不时会掉进一个洞里，那个洞叫作期待，期待老公改变，期待孩子完美，是典型的期待型。

我呢，隐藏得比较深，所以她俩都无法说出我的人生功课是什么？我独立，不容易焦虑，也没有太多期待（不是完全没有，是表面上看起来没有），我的人生玩的游戏是"我很好"。其实我是强迫性假装型。

三个女人的人生舞台上演着不同的戏码，太有趣了。回顾成长岁月，这一切当然是可以追根溯源的。

在玫的世界里，有一个场景对她影响很深。三岁的她被妈妈锁在家里，哥哥姐姐爸爸妈妈都出门忙各自的事情去了，她坐在门口，望穿秋水，等着妈妈回来。在她小小的心灵里，她极其恐惧，认定是自己不够好，所以每天妈妈都会抛下她。这个幼时的情景几乎是她最深的痛，痛得她不敢去看。如今，恐惧乔装打扮，投射到了孩子身上。

艳生活在单亲家庭，在几十年前的中国，单亲家庭压力很大，最怕的就是被人看不起或被可怜。所以，艳的妈妈对孩子的要求极高，必须事事都要做到出色完美，不然就会招来一顿痛打。"不够好就活不下去"成了潜意识里的催命符，她奉若神旨，也把这道"旨"执行到老公、孩子身上。

至于我，小时候爸爸常常不在家，妈妈为生计苦恼，注意力很少在孩子身上。我把这一切解读为我不够好，所以他们不爱我。我立志要变得足够好，让他们知道我是值得爱的。于是我从小就开始装，以至于装着装着，把自己也骗了，人前人后都是"我很好"的样子，不敢坦陈自己脆弱的一面。这份假装，使得别人常常靠近不了我，一靠近我，先靠近的是那面"我很好"的墙。谁愿意老撞墙呢，所以，有时我会让别人感觉很难接近。

在早些年，我或许认为，我们内心会有这样的戏码，是因为小时候父母那样对待过我们。而这样的观点通常会得到很多认同，因为符合受害者的心态，迎合了不想为自己负责任的大多数人的想法。

十年的成长，过往的经历可以作为自身的照见和反省，同时避免把自己往日的伤痛或匮乏投射到孩子身上。但在那天的闲谈中，我开始思考，为何成长十年，我们还是会卡在某些地方？

这是因为我们虽然走了很多路，但还缺少最关键的一步，这一步就是内在的根本性转变——所有的发生我负全责，无论过去发生了什么，今天的我都可以为自己负起全部的责任。如果内在没有根本性转变，我们还是会不断掉进旧有模式里。

为自己的人生负起全部的责任，我们才能在过往的土壤里开出娇艳的花朵，真正绽放自己。这是真正意义上的内在成熟，而不是徒增岁月，只成熟了外表。

一位印度的灵性导师说："当我说成熟，我指的是内在的完整。唯有当你停止让别人负责时，当你停止说别人在给你制造痛苦时，当你开始意识到你是自己痛苦的创造者时，这份内在的完整才会到来。这是走向成熟的第一步：这是我的责任。无论发生了什么，都是我造成的。"

我深以为然。不管过往发生了什么，你都已经不是那个孩子了，每个人的人生都有不同的戏码，但终结戏码只需一念：我为现在的我负起全部责任。

所以，不管你正在为什么苦恼，被什么模式制约，问自己一个问题：如果是成人的自己，此刻，我会怎么做？

当我们不由自主地开始为孩子担心时，问自己，一个真正成熟的人会如何看待此事？

当我们开始期待他人时，问自己，作为成熟的人，我可以为自己做些什么？

当我们开始假装时，问自己，如果是内外一致的成熟个体，此刻会做什么？

当我们以这种方式为自己负起全部责任时，那些旧有的戏码便会应声脱落，我们会成为自己的人生导师。

7. 站在世界之外看世界

　　我们会习惯性地活在受害者的角色里，振振有词，都是别人害得我如何，或年幼时我身边的人对我做了什么。那些故事与剧情是那么真实，真实得你每一次想起时都会痛、会哭、会怒。

　　我们忘了在那个剧情里，编剧其实是自己，我们总想否认：我没有，我怎么会对自己做那样的事情呢？我那么小，我什么都不知道。

　　在意识的世界里，没有谁大谁小。我们很清楚剧情的上下集，但我们只会选择其中某个片段，然后像祥林嫂一般，一遍遍倾诉。

　　有一次我无意中跟朋友说起小时候被妈妈打的事情。朋友问我："亲爱的，你当时做了什么，你妈妈要打你？"我习惯性地矢口否认："我那么小，我能做什么！"

　　朋友又问："真的吗？"我停止否认，顺着记忆往回走。妈妈告诉我，某个东西还不能吃，要等拜祭完了才能吃，可是我不管，偏要偷来吃。

　　这就是上集，有了这个上集，才有了妈妈打我的下集。我给自己创造了那样的经历，却把它变成一段受害的故事，然后活在受害者的剧情里。

　　有一次，拜伦·凯蒂给一位青少年转念，青少年"控诉"父亲如何强迫她做事情、强迫她帮忙做家务、强迫她去学校等。拜伦·凯蒂问她："是谁决定要去做这些事情的呢？你的父亲可以喋喋不休地在你耳边唠叨，但是，是谁决定去做这些事情的呢？"她一愣，随之了然，说："太不可思议了，是我，是我做了那个决定！"

所以，到底是他人对我们做了什么，还是我们对他人做了什么？为什么我们总是选择当一个受害者呢？因为我们不想对自己的一切负责任，所有人生的不如意最好都由别人来承担。

但是，为自己负责任，不再否认自己创造的那些剧情，难道不是一个好消息吗？这意味着，过去即你所创造，未来也由你来编写。你能创造，你有创造的能力，就像是你想要体验阿纳丝塔夏，那么就创作一出舞台剧，去演阿纳丝塔夏好了。全然投入演出，然后剧情落幕，记得走下舞台。

智者说，活在这个世界，但不属于它。人生有时就像我们为自己选择旅途一样，这次我想去西藏，下次我想去南极，再下次我想去新疆、大理、纽约……旅程结束，重新回来。

创造故事如同选择旅途，昨天的昨天我创造的是这样的经历，昨天我创造了一个那样的经历，今天我创造的是坐在飞机上敲打着一段段文字，明天我创造的是成为一名讲师。

让自己如车窗外的景物般不断后退，站在世界之外，做个清明之人，或者做个清明的梦。

chapter 4

无伤害

绝大部分人在与人相处时，总是自带矛与盾，即自带攻击与防备。

我们的行为和语言充满了攻击性："你真笨""你错了""你再这样我就不管你了""都是因为你""你看别人家的老公""你这样太伤人了"……

同时，我们也充满了防备，试想如果有人对你使用以上语言，你会怎么回应："你才笨呢""错的是你""你最好说到做到""关我什么事""那你怎么不看看别人的老婆是怎么样的""你才伤人呢"……

我们随身带着矛和盾，就如同时刻让自己置身于战场，伤害总是难免的。这就是我们的习惯性语言，自带杀伤力。因而大部分表达都是在发泄情绪，或指责对方，而非真正的表达。要做到无伤害地表达，就要把语言中的攻击性去掉，把"你"改成"我"，把"评判标签"改成"行为"，把"指责"改成"感受及影响"。

我们可以通过我信息的表达去掉矛；当对方呈现攻击性时，通过倾听去掉盾。当我们不再传递攻击性时，他人也会为自己负责，并且很乐意改变自己的行为。

上海的一位妈妈跟我分享了发生在她家的一件事。两岁的孩子把筷子扔到地上，爸爸说："你是个坏宝宝。"孩子不理睬爸爸，继续玩。妈妈说："宝宝，筷子在地上（描述了行为），妈妈踩到的话会摔跤哦（影响）。"然后妈妈露出担忧的表情（感受）。孩子回应道："是不是姥姥踩到也会摔跤？"妈妈说："是的。"孩子弯下身去把筷子捡了起来。

为何面对爸爸和妈妈的话，孩子的回应完全不一样？因为妈妈使用的是没有攻击性的语言，表达的是我信息。

在与孩子相处互动的过程中，父母如果能做到及时回应孩子，不带攻击性地跟孩子表达，尊重孩子的需求，那么孩子与这个世界的关系将会以爱为基础，孩子也会带着爱回应这个世界。

所以，去掉语言中的攻击性，沟通的有效性才能大大提高，对孩子的裨益也是长远的。另外，要想做到无伤害地与孩子沟通，我们还需要重新审视自己的育儿观，如果信奉的是有攻击性的教育理念，攻击性便很难去掉。

1. 怎样说，才能无伤害

当孩子的一些行为是我们不能接纳时，我们需要向孩子发送面质性我信息。随着我们无伤害地表达，孩子愿意调整自己的行为，我们与孩子的关系不会遭到破坏，孩子也会有所成长，为自己的行为负责。

有一次在我家客厅，妹妹正想在一张小椅子上坐下来，不到三岁的小满格就把椅子搬走了。妹妹说："噢，椅子搬走了，妈妈没法坐了。"并做了一个不开心的表情。小满格赶紧把椅子搬过来让妈妈坐，并且说："妈妈现在开心了吗？"我和妹妹都被她逗乐了。

还有一次，我走进卧室，吃着饼干的小满格也跟进来，并且趴在床边继续吃饼干，饼干屑掉在了床上。我说："满格，饼干掉在床上，要是有蚂蚁爬到床上找饼干，那我睡觉就怕怕了。"满格看着我，仍是笑眯眯的，但已经退到了床边。我继续说："来，我们一起把饼干扫掉吧。"小满格听了之后，和我一起把饼干屑从床上扫下来。

在这里，我首先提出了解决方案。婴幼儿的面质性我信息，与大一些的孩子及成人的面质性我信息不同的地方，就是父母可以提出解决方案，但是要带着孩子一起执行。

对大一些的孩子或者成人，尽量把做出调整和改变的责任留给对方。有段时间，中午放学回家吃饭的小妮会带几个同学来家玩，快两点时她们才出门去学校，而中午这段时间恰好是我的午睡时间。

我跟小妮表达："午睡对妈妈很重要，当你们发出很大声音时，我没办法好好睡觉，感觉好苦恼。"小妮想了想，回应我："妈妈，我知道了，能不能在你午睡时关上你的房门，我们也到我的房间，关上房门，这样就不会吵到你了。"

我并没有提供任何解决方案，而是如实地表达我的困扰。我的女儿主动做出调整，并且有一次她的一个朋友掀开钢琴盖想弹时，她赶紧"嘘"了一声，说："我妈妈在睡觉呢，不要吵她。"

有位妈妈跟我分享，她留意到她的孩子使用的就是这种没有攻击性的语言。有一回，爷爷在客厅抽烟，孩子说："爷爷，你在这里抽烟，我闻到了烟味就会咳咳。"并示范着咳嗽了几声。爷爷赶紧说："好的，我到阳台抽。"

如果是大人，可能会直接提出解决方案："别抽了。""抽烟对身体不好，少抽点儿。"或"你没看到孩子在这里吗？"这些语言都充满责备，带着攻击性。出于防备，对方不仅不愿意做出改变，还有可能对你产生抗拒。

一条恰当的面质性我信息，呈现的是非责备、无伤害、负责任、一致性地沟通。

尊重不等于放纵，面对孩子的一些我们无法接纳的行为，我们需要告诉孩子这样的行为对我们的影响，以及我们的感受。了解自己的行为对他人的影响，会让孩子由内产生一种责任感。而内外一致地表达我们的感受，也会让孩子有机会感知和了解他人，走入他人的情感世界，而不会变成一个只顾自己需求的人。

2. 零惩罚、零奖赏的养育观

P.E.T.提倡零惩罚、零奖赏的养育观，一切从彼此的需求和感受出发，给予双方同样的尊重，不会因为你是孩子就随意对待，使用暴力或权威。被暴力或权威对待的孩子，自我价值感很低，而大部分精神类疾病就源于低价值感。P.E.T.提倡完全的尊重，一个被完全尊重的孩子，知道如何尊重自己，也知道如何尊重他人，有很高的自我价值感。一个高自我价值感的孩子，就像一棵长在森林里的树，他的根扎得很深，自然也经得起风雨。而一个低自我价值感的孩子，就像城市里的树，风稍微大一点儿，树就倒了。所有惩罚和奖赏都会贬低孩子，衍生孩子的低自我价值感。

埃尔菲·艾恩在《奖励的惩罚》一书中写道："奖励和惩罚只是一个硬币的两个不同面，而且这个硬币还不值什么钱。"在我看来，这个不值钱的硬币就是权威，惩罚与奖赏是权威的两种形式。权威的使用，在短期内可以满足父母，比如打孩子一顿，孩子变得听话。如果重视孩子的长远发展，想培养一个身心健康的孩子，就要摒弃权威。

权威的使用，会给孩子的人生带来很大影响，尤其是使用了惩罚或暴力。有一个妈妈向我倾诉非常困扰她的一件事：我总是不知道我的身体受伤了，比如被烟烫了，哪里碰破流血了，我总要在很痛之后才能发现。

当她讲这些时，一种对死亡的恐惧笼罩了我。继续往下探索，她说："昨天我们谈到死亡时，我被触动了……"然后她边抖着身体边流泪，诉说她小时候父亲因为赌输了，拿着菜刀砍向她的事情，那时候她来不及害怕，对着父亲吼道"你杀了我吧"。

对一个孩子来说，面临那样的恐惧，想要不害怕，只有一个办法——关闭自己的身体感受。

你或许觉得这是比较极端的情况，那么再来看看更为普通的场景。我的一个朋友，一位极威严的妈妈，带着孩子来我家玩。她的孩子做什么事都会投来试探的目光。我问她："你有没有留意到孩子在讨好你，有时会显得小心翼翼？"她说："孩子不都这样吗，想要讨好妈妈？"在场的另一位朋友说："我从小妮很小的时候就认识她了，她没有讨好过任何大人。"

我的朋友愣了愣，说："是啊，我是不是应该放下我的权威？"之后她跟我说，前不久还因为实在忍不住打了孩子。

一个在权威氛围中长大的孩子，会带着他与权威互动的模式，与这个世界互动。但凡遇到有权威的人，他就会重复幼年的模式，小心翼翼地讨好对方。

又或者他会把他人投射为权威，然后把所有对抗权威的能力用来对抗他人。如果有一天他有了孩子，要么重复使用权威，要么走向另一个极端，对孩子非常宠溺。总之，他很难做真实的自己。

很多人要花很多能量才能学会与权威相处，跨越权威对自己的影响，真正成熟起来。有人把这部分叫"弑母""弑父"。确实，一个人如果无法走出父母对自己的影响，活在权威的阴影里，又如何做自己呢？

如果我们的养育是零惩罚的养育，孩子成年后也就不会因这部分消耗能量或被困扰。

在一个转念工作坊中，我们探索的主题是身体。一位学员被她的体重所困扰，她说："我对我的体重极其不满意，经常会为一两斤跟自己过不去。我对自己失望透顶，甚至不敢照镜子，不化妆，不怎么买衣服，我老公让我去买衣服，我都不想买。"（其实，在大家看来，她并不胖，长得也很端庄）

随着我的回应，她继续说："我的妈妈很能干……小时候她经常出差，但她总是在我和姐姐做得好的时候给我们一人一颗糖作为奖励。她太能藏了，我和姐姐翻遍了整个屋子，都找不到糖藏在哪里。一旦我们做得好，达到妈妈的要求，她就会打电话告诉我们糖在哪儿。"

听到这里，我好像明白了，说："在你的生命中，总有一颗糖，为了得到那颗糖，你必须做得更好、做得更多，不管你有多完美，总是不够。"

她说："是啊，我的生活无忧，老公爱我，孩子也爱我，可我总觉得还不够好。有时候看着我的孩子，我也觉得他可以更好，虽然我的老公说，作为一个幼儿园的孩子，咱家的孩子已经很好了。我有时也觉得孩子其实很好了，但就是忍不住会想他还可以更好。"

奖赏教育带来的焦虑，让一个人无法享受当下的美好，仿佛一刻都无法放松。在成都的一个讲座上，一位爸爸问我："为什么不能奖励呢？如果我的孩子在某个地方做得很好，我想送他一份礼物作为奖励，难道这样不好吗？"

我问他："礼物的意义是什么呢？是表达我们对孩子的爱。如果因为孩子做得好，你才送他礼物，那么这份爱就是有条件的爱，做到了才值得，如果做不到，做得不好，就不值得。"很开心的是，这位爸爸一下就明白了。

所有的惩罚和奖赏都是一种操控，是想让孩子成为父母想要的样子。克里希那穆提在《唤醒智慧的教育》里说道："教育最本质的起点和最终极的终点，是尊重生命和了解生活的全部意义。当我们抛弃想要孩子成为这个或那个的野心和框架时，才能让孩子在爱和良善中尽情绽放自己内在的智慧。"

所以，零惩罚和零奖赏的养育是长远的养育，是站在整体的角度来看待养育。"整体"就是孩子不但有壮硕的身体，还有健康的心灵，以及保有孩子本有的灵性。

3. 警惕防卫式攻击

有时候，貌似合理的行为背后，其实暗含攻击。在我带线上读书会期间，有一天早上，我像往常一样在正式开始前数数有多少人在线，这个"动作"几乎成了习惯。数着数着，我觉察到内在有个声音："报了名，却不来参加，如果没有收获，不要怪我哦。"留意到这样一个潜在的声音时，我吓了一跳。我之后跟学员们坦陈，这样的行为背后暗藏的目的，以及我的担心。

这貌似是一件小事，但是多少人被潜意识牵着鼻子走，玩着游戏，却不自知。我用数人数的方式，对没来参加的人传递我的责备。而这个责备源于我的担心，我担心没有出现的人收获不大，收获不大证明我带得不好，而我担心是因为我带得不好他们才不来上课，这些担心恰好是因为我对自己的怀疑。

也就是说，我想掩盖自己的不好，于是去攻击不来参加读书会的人，通过攻击来防卫。就像一个先发动攻击打人的孩子，却哭着说，是他先打我的。

生活中，如果我们带着觉察，就会发现不少类似情形。比如说，在二宝家庭中，父母会通过拼命夸其中一个孩子来传递对另一个孩子的指责和操控。

比如说，老婆会在老公面前表示羡慕别人家的老公有多好，其实想表达的是自己的老公还不够好，希望他能更好。

比如说，有些人会通过生病让家人感觉愧疚，觉得都是他们的错，是他们没有照顾好他，让他生病。

……

我不想让自己再陷入这些无意识中，也不想玩这样的游戏，在此，我对那些被我无意识责备的人道歉。抱歉，我对你的攻击；抱歉，我对你的越界。你参加不参加读书会，那是你的事情，是你的决定，你无须承担我横加给你的负疚感。这样的抱歉，更多的是为我自己的自由和解脱。我不想受限于我的小我，我愿成为越来越自由的人。

同时，我也开始真正地质疑自己："你带得不好，这是真的吗？""哦，这不是真的。每次读书会我都提前做好准备，像第一次那样投入、尽力。每次读书会结束后，我也都会尽我所能解答学员的困惑。"

我收到了很多肯定和回馈，有人改变了与母亲的关系，有人改变了与父亲的关系，有人因此挽救了婚姻，也有人因此看见了更真实的自己。就在那天，一个多年抑郁的学员还跟我分享了她的改变，表达了她的感恩。

如果没有"我带得不好"的想法，我会怎么样？我会更轻松、更投入，不会去玩指责的游戏，不会想着要替自己开脱。我会坦诚地告诉那些没有参加读书会的人，希望他们能尽量参加，即使他们做不到，那也是他们的事，他们是成人，值得我全然地尊重。

针对我的信念，我做了反向思考："我带得很好。"此刻的我刚刚好，此刻的你们也刚刚好，你们准备好了，我就出现了，就是这么简单。未来的我或许会更好，但此刻的我就是当下最好的我。

反向思考之后，当下就觉得好轻松，像是此刻正在看这本书的你。其实，我只是管道而已，没有"我"存在时，有些信息会经由我流向你，点燃你内在的本有智慧，引领你自己去领悟。

4. 沟通，而不是攻击

当我们放下攻击的念头，无伤害地沟通时，会发生什么呢？

小芳是《一念之转》读书会的成员。有一次，小芳发现小慧在某个帖子上用了她写过的一段话，却没有告知她，小芳非常生气。我使用转念工具，与她一起探索这个部分。

我：你是因为"她不该抄袭我"的想法生气的，不妨就这个部分进行转念。她不该抄袭你，这是真的吗？

小芳：是的，她不该抄袭我。

我：你能百分之百确定吗？

小芳：能确定，抄袭我的文字等于侵犯我的劳动成果，她侵犯了我。

我：侵犯是你的诠释，不是事实。事实是什么呢？事实就是她抄袭了你，但就好像天下雨了，你却在说天不该下雨。转念很重要的一点就是，看见自己如何在与事实做抗争，那么你看到自己正在与事实对抗吗？

小芳：看到了，但还不知道对抗的是什么。

我：对抗的就是"她抄袭了你"的事实，已经发生的事情，你有再多的觉得不应该都没用，改变不了已经发生的事实。你能明白这点吗？

小芳：明白，我要坦然接受被抄袭？

我：你若不接受这个"已发生"，与之对抗，输的铁定是你，因为时间无法倒流，事实无法改写。

小芳：嗯，我明白了。

我：只有当你接受这个事实，在接纳的基础上，智慧才会来到。

小芳：是的，我接受。

我：她不应该抄袭我，于是我沮丧、生气，开始内耗。她抄袭了我，我可以为自己做些什么呢？这才是对自己的尊重，这才是自我负责。

小芳：是的，我还直接揭发她的行为，让她难堪。我为自己做的事情是，把她从通讯录里删除，让她以后再也无法看到我的文字。并且直接在相关群里告诉她，这样做对我不尊重。

我：当你是自我负责的，就会出于尊重自己的感受而去跟对方表达：亲爱的，当我看到你的一些句子与我之前写的一样，我很惊讶……真正的沟通是基于对自己感受的负责，而不是出于攻击。

小芳：是的，我转念以后，意识到了这一点。我正在以不尊重她的方式对待她。

我：是的，当你不接纳事实时，你必然会有攻击，企图以不尊重对方的方式，让对方尊重你。

小芳：谢谢老师让我又看到一个执着，我能放下了。

我：她侵犯了你，这是真的吗？

小芳：不是，是我自己觉得我被侵犯了，她没有这个想法。这个作业太好了，我现在有种雀跃的心情。

我：她抄了你的一段文字，你编织出一个"她侵犯我"的故事。我们都是故事高手。

小芳：对，看到了。谢谢老师，谢谢你！

我：没有你的故事，你会是谁？

小芳：没有我的故事，我就会看到真正的自己。

我：也会看见真正的她。

小芳：是的，转念作业太美妙了，最后这一刻，心得到释放的感觉，太美了。

因为读书会是在微信群里进行的，到这里，我们也就停下来了。过了一会儿，小芳又跟大家分享了她的转念后，意识到自己对小慧的做法不好，于是跟小慧道歉。

她说："小慧，非常抱歉，刚才看到你未经我的同意就用了我写的东西，当下忍不住就生气了。后来做了转念作业，看到了一些真相。你用了我的文字，或许只是出于方便，我却在心里演绎了一个'你不尊重我，侵犯我的劳动成果'的故事。所以，我把你的帖子发到这里，想要羞辱你。如果我知道'尊重'的真正含义，就应该私下与你沟通，表达我的感受，而不是公开发到这里来指责你。请接受我真诚的道歉。"

小芳的行动就是转念当中的弥补，在意识到自己做得不好的地方后，及时做出修补。我被她的行为感染，开心之余告诉她："亲爱的，不管小慧如何回应，你为你自己做到了，真心为你点赞。"

然后，戏剧性的一幕发生了。小芳在稍后又说："我跟大家报告一下故事的结尾。故事中这个不尊重我的人，居然也是修习过'一念之转'的有缘人。她不仅诚恳道歉，删了原帖，重新加我为好友，还跟我分享了她学习'一念之转'的体会。最后，我们都畅想了一下未来成为好友的可能。真是大转化、大圆满！"

当我们愿意放下攻击，带着爱，就有可能转念遇见爱。看完小芳的分享，我心中浮现出一句歌词：原来你也在这里。

凯蒂说，暴力只会教导暴力，焦虑教导焦虑，而平安则教导平安。小芳的转念过程也让我看到，尊重带来尊重，诚恳换来诚恳，爱会遇见爱。真正的沟通，没有攻击，没有伤害。

5. 寻找消失的愤怒

我们身上的攻击性到底是怎么形成的？或许通过小妮的经验，我们可以略窥一二。

在小妮高一暑假期间，我带着她去上课，课程中间有一个环节是情绪表达。表达快乐的情绪，小妮毫无障碍地瞬间就呈现出来了，可是表达生气、愤怒却把她难住了。她无法轻易地表达愤怒，即使表达也是很表面化的。老师让她一遍遍地练习，探索这个部分，几次下来，她仍然无法联结上愤怒。

最后，小妮决定出去散散步，安静地跟自己待一会儿。过了好久，她回到上课的地方，跟老师分享："我知道怎么回事了，小时候我是很爱生气的，也经常表达自己的愤怒，可是周围的人告诉我，不要生气，这样不好。大概在小学一年级的时候，我决定不生气了，当我要生气的时候，我就开始小声哭泣，用这种方式攻击别人。"

说完这些后，她又接着说："我决定了，不再当受害者。当愤怒的情绪不被表达时，我们就开始变成受害者，以哭泣的方式代替愤怒，以受害者的姿态攻击别人。"没有人告诉过小妮，那些被压抑的情绪会以这样的方式呈现。当小妮说出这番话时，在场的人都很感动。

我那时并没有在场，当老师把这些话转述给我时，我百感交集，诧异而又惊喜，她居然能够探索到这些情绪的变化和关联。

我也非常愧疚，在我还没有学习成长之前，她一有情绪，我就用讲道理的方式压抑她的情绪，告诉她这样是不对的，也是不好的。

我也感到欣喜，还好，在她成年之前，她自己可以学习如何接受自己的情绪，如何恰当地表达自己的情绪。

我也很感动，何其幸运，我们能够有机会一起重新审视这些部分，重新选择。

愤怒、焦虑、悲伤、挫败等，这些不被接受、没有表达的情绪，不会凭空消失，这些被压抑的情绪会迂回，以其他形式呈现出来。它们要么让我们穿上更厚的盔甲，有了更多的防备，要么增加我们的攻击性，攻击他人，也攻击自己。

一个处处防备的人，无法靠近别人，别人也无法靠近他，他的内在充满恐惧，以至于无法跟他人有真正的联结。而一个充满攻击性的人，推开别人的同时，也在远离自己。

防备、攻击，攻击、防备。严重的话，内在世界崩塌，所谓的抑郁症应运而生。在我看来，抑郁症是情绪累积得太多，我们再也无法抑制住，但又不知道如何面对，深陷其中，最后只能任由这些情绪主导自己。就像装满水的瓶子，再装，就只能往外溢，最后变得无法收拾。

　　从小妮的上课经验谈到抑郁症，看起来有些跳跃，但一切的核心都是如何看待我们的情绪，如何与我们的情绪相处。情绪没有好坏之分，当下的感受升起，如实地表达，让这些感受完成自己的旅程，而不是因不被表达而卡住、堆积。

　　更核心的是，你能允许自己去感受吗？靠近自己、关爱自己的第一步，就是带着觉察，知道自己正在做什么，然后允许自己去经验那些发生在身上的感受。被经验的感受，就会像流走的水，不再淤积。

6. 孩子的释放型与试探型打人

父母或许都有被幼儿时期的孩子打的经历，被打的妈妈往往不知道如何应对。在我看来，在考虑如何应对前，应先区分孩子打人的内在动机到底是什么。根据我的观察，内在动机有两种：一是释放型，二是试探型。

释放型

大部分幼儿打人的内在动机是释放情绪，一种可能是因为家庭成员对孩子有打骂行为，或孩子的需求和感受被否定。当孩子被这样对待时，内在会产生愤怒的能量。我们都知道，能量是不灭的，愤怒的能量通常只有两个渠道释放，对外攻击他人，或对内攻击自己。

为何会选择攻击自己呢？如果恰好周围的人都很权威、很强悍，孩子就可能不敢对他人释放愤怒的能量，转而向内攻击自己。或者孩子被教导攻击他人是不好的、不乖的，于是孩子只好攻击自己。所以，允许孩子表达愤怒是非常重要的。

另一种可能是当幼儿开始有社交活动，在与其他孩子玩耍时，相互间有争抢、推搡、拍打或语言的攻击等行为，也会令幼儿内在有委屈或愤怒的能量产生。

不管出于以上哪一种原因，孩子打人的内在动机都是出于释放，且有可能以两种方式呈现。

一、情绪爆发的方式

通常发生上面介绍的几种情况时，会导致孩子情绪高涨，有些孩子会打妈妈或亲近的人。这时需要做的是同理和倾听孩子，让孩子的情绪温度降下来。当孩子的情绪恢复平衡时，打人的行为一般就会随即停止。

二、玩耍的方式

这种方式恰好我经历过，跟大家分享一下我的做法。小满格在跟其他孩子玩耍时发生争抢或打闹，除了当场哭得稀里哗啦，回到家，她还会跟我争东西，后来发展成打我。

为什么会是我呢？因为我是最安全的人选。妈妈在她眼里是权威的，而且打妈妈时，妈妈会有情绪，会说"不能打妈妈"，一遇到爸爸她又立马变小甜心，不舍得对"爹地"动手。于是只有我最合适，我既不权威（经常与她玩成一片，满足她的各种需求），打我时我也没有情绪。

在那段时间里，不管是对话、视频还是见面，她一看到我，就会随便拿起一个东西，笑着对我说"我的，是我的，你没有，我有""我能，你不能"……为了配合她的这些戏码，我会跟她说同样的话。听到我的回应之后，她就会喊"打"，有时候就真打下来了。

为什么要配合她？直觉告诉我，她希望我回应她，她用这种类似玩游戏的方式来释放她的情绪。在我看来，孩子就是通过玩耍、话语或肢体的表达释放情绪。

另外，我也想让她有机会把内在的能量释放出来，让她知道她是可以表达愤怒的。通常孩子表达情绪是不被允许的，会被评判或贴上各种标签，"不乖""不孝"什么的。如果一直不被允许，孩子就会压抑情绪。

保有孩子情绪的流动和自由表达的能力，有如保护他内在的纯净与流畅，不被压抑的情绪覆盖，不用去背负日渐沉重的情绪包袱，或渐渐关闭自己的感受。

因此，当小满格真打下来，我感觉疼痛时，我会摸着被打的部位说"痛痛"。这时候，她一般会凑过来摸摸我。之后她又会重复"打我—摸摸"的过程，有时我会以游戏的心情配合她玩上好几个回合。

但我不想我们每天一见面就在那儿抢来抢去或打打杀杀的，同时我又不想堵住她的释放通道，所以，我开始跟她商量："一见面我们就吵架，这样没办法玩其他的游戏了。我们能不能一天吵架，一天当好朋友呢？"她说好，于是我们说好，今天当好朋友，明天再吵架。

第二天她来了，我问她："今天是当好朋友还是吵架？"自从我们有这样的约定后，大部分时间她都选择当好朋友，大大减少了与我吵架的戏码。

有妈妈问我，孩子要是习惯了打人，会不会出去打别人啊？情绪满满的孩子才会在情绪的驱动下打人，没有情绪的孩子是不会出去打人的。小满格打我的那段时间，我发现她就只打我一个人，不打其他人。

所以，这里有两点很关键，一是我们以玩游戏的方式进行，二是我不会因为她打我而有情绪，我想这也是她感觉安全的原因。

如果不管是方式一还是方式二，父母都实在不喜欢孩子打人，那怎么办？

一方面要让孩子表达他的感受，比如引导孩子表达：宝宝这会儿不开心了，宝宝生气了。另外，利用肢体语言，拿开他的手，或站开一点点距离，不要太远，用肢体语言告诉他，妈妈不喜欢这样，或者直接用语言表达，妈妈会痛，我不喜欢这样。之后再寻求其他方式，例如做游戏或讲故事，让孩子有机会表达这个部分，而不是被卡住。

试探型

试探型指的是，孩子打人的行为其实是一种试探，比如试探妈妈是否会生气。一名学员曾经跟我倾诉，她的孩子没被打过，跟其他小朋友也没有争执，但总是好端端地就打她，而且只打她一个人，不打其他人。

经过几天与她的互动以及对她的观察，我留意到，她有个信念，接纳孩子的所有行为，哪怕孩子打她了，她也会笑着应对。

通常在这种情况下，孩子感觉不到妈妈的界限，不知道哪些行为是可以的，哪些行为是不可以的，内在会有不安全感和不确定性，才会一再通过打妈妈的方式进行试探，想要知道妈妈的界限在哪里。

一个人在空旷的悬崖上奔跑，如果事先不被告知哪里是安全区域，跑起来会很不安，甚至紧张害怕。如果有人竖起围栏，并告诉他围栏之内是安全的，可以随意奔跑，那么他跑起来会放松和开心得多。一个有界限感的父母，就像给孩子提供围栏，会让孩子有安全感。

如何让孩子知道界限呢？其实这位妈妈对孩子无端打自己的行为是不接受的，她需要做的是如实告诉孩子她的感受，非责备且内外一致地表达。

这位妈妈回去后，当孩子再有打她的行为时，她收起笑脸，坦诚地跟孩子表达"你打妈妈时，妈妈会很痛，我真的不喜欢，我会生气"。

几周后，我收到她的信息：原来真是这样，当我如实地跟孩子表达时，孩子打我的行为就停止了。

所以，应对孩子打你的行为，不要简单粗暴地喝止，或勉强自己笑着应对。也不要急着下定义或评判孩子，而要先观察孩子，了解孩子的动机是释放还是试探，不同的内在动机，决定不同的应对方式。

当我们以这样的方式支持孩子时，孩子的情绪得以流动，那些攻击性的能量得以转化，攻击行为便会停止。

7. 责任感养人，罪恶感毁人

有段时间，一段关于一位英国爸爸教育孩子的视频在网上很热门。孩子从超市"偷"了巧克力，爸爸拉着孩子向超市的收银员道歉，孩子非常羞愧，但爸爸一定要孩子道歉。

很多人都表示这位爸爸做得很好，给予点赞，但我看完视频后很替孩子难过。有位爸爸看了视频后留言说，小时候在邻居家玩耍，偷偷将一把小刀拿回家，"我特别喜欢那把刀，后来被奶奶识破，告诉了妈妈，并拉着我送回去。我好难堪，恨不得钻进地缝里，后来很长一段时间我都觉得好像每个人都知道这件事，我是个坏孩子，煎熬了好长时间。'我是不好的'，这样的生命底色伴随了我很长时间"。

是的，难堪正是视频中的孩子展现出来的感觉，他捂着脸，难过地哭了。父母们不妨把自己代入孩子的角色，看看当自己被那样对待时，会是什么样的感受。

而这位爸爸不但这样教育孩子，还特意拍了视频放到网络上。可见，他认为这么做是应该的，是正确的，是对孩子好的，是值得所有人学习的。

我相信这位爸爸绝非有意羞辱或伤害孩子，他可能真的是"为孩子好"。托马斯·戈登博士说,父母应该被培训。我深以为然,很多时候身为父母的我们是无知的,我们以为这样是为孩子好,殊不知这样的做法会给孩子心理上带来极大的负面影响,有时这样的影响甚至是长久的。

视频中,当孩子意识到自己的行为不当并愿意把巧克力还回去时,爸爸要他当面还给超市的收银员。那一刻,孩子愣住了,一脸惊恐,然后爸爸说:"你害怕了吗?我才不管。"并硬拉着孩子把巧克力当面还回去。

这样的做法满足了父母教育孩子的用心,但也让孩子在那一刻充满惊恐、害怕、无助、难以面对的难堪和随之产生的罪恶感,以及在他人面前抬不起头的低自我价值感。

其实,这位爸爸可以有另一种做法和选择。假设不是对儿子,而是对一位好朋友,我们会怎么做呢?可能会跟朋友表达,对这样的行为感到不安,无法接纳。有人可能会说,这不是大人,是孩子啊。可是,难道孩子就不值得尊重吗?一个没有被尊重过的孩子,将很难学会尊重自己和他人。

父母可以跟孩子表达,无法接受这样的行为,然后倾听孩子的想法,跟孩子一起商量如何处理此事。在照顾孩子感受的同时,协助孩子把东西还回去。

父母还可以跟孩子分享这样的做法给超市带来的损失或麻烦,

让孩子了解事情的后果。这样一来，在他心里产生的将会是责任感，而不是深深的罪恶感。责任感能养人，而罪恶感能毁人。

在雨果的《悲惨世界》里，贫苦的冉·阿让为了挨饿的孩子去偷面包，结果被判处19年苦役。出狱后，走投无路的他偷走了收留他过夜的主教的银器并潜逃，被警察捉回。主教声称银器是送给他的，才使他免于被捕。主教的言行感化了他，他化名马德兰，从此洗心革面，奋发向上，开始了新生活。

成都的一位妈妈因为孩子在商场里拿了头饰没有给钱来找我咨询，一开始她很慌张，这件事情对她来说太严重了。我请她坦诚地告诉我，她小时候有没有偷过东西，她说有。那长大后还有吗？她说，当然没有了。

所以，担心孩子会一直偷东西的逻辑是不成立的。我继续跟她探讨孩子这么做的原因。原来，当孩子几次提出要买时，她告诉孩子，这个东西不值得买，不要买。孩子实在太想要了，所以就偷偷拿了。我请她给孩子一些自主权，让孩子自行决定她可以买什么样的头饰。果然，孩子这样的行为消失了。

《道德经》有言："善者吾善之，不善者吾亦善之，德善。"真正有智慧的人，就是在他人做出不善之事时，我们仍能善待他。暴力只会带来暴力，视频中的爸爸这样对待孩子，孩子的内在除了无助，更会有愤怒。或许有一天，愤怒的孩子会开始指责和攻击他人。

　　就像现在的网络暴民、"键盘侠"、道德卫士们，但凡谁做错点儿事，简直就是千夫所指，污言秽语不断。事实上，这些人只是在发泄心头恨，他们的恨和愤怒又是从何而来呢？或许当年他们就是视频中的这个小男孩，曾被这样对待过，长大后就会用这样的方式对待他人。

　　诚然，我们做不到别人打自己的左脸，把右脸也送上去，但是至少对不善者，可以善待之。每个人内在都有择善的良知，你我都曾经是孩子，孩子并不是不懂好坏对错。

　　孩子不需要惩戒，需要的是尊重和同理。被尊重和同理的孩子，自然知道对错，也能友善地对待外界。

8. 真正的道歉是一种深刻的告白

网上另一个关于道歉的视频，同样引起了很多人的讨论。视频中的爸爸强迫孩子道歉，之后孩子又如法炮制，强迫他人道歉。有人觉得，视频中的父亲教育得太对了，不管孩子愿不愿意，做错事就得道歉；也有人觉得，这个父亲的行为让人难受。

我的一位朋友，同样是父亲，他看到这个视频后，难过得流下眼泪。我看这个视频时，也有种很心塞的感觉。视频中的父亲、超市人员、警察，甚至那个原本不愿意道歉的孩子，都站在道德和正义的制高点，理所当然地侵犯他人的界限，明明是活生生的人，却非得要一个机械化、程式化的道歉。

为什么我们那么执着于道歉？

很多年前看过台湾电视剧《流星花园》，我一度被道明寺迷得神魂颠倒，以至于一直记得他的一句台词："如果道歉有用的话，还要警察干吗？"

是啊，有时候就算对方道歉了，也难以平复我们的情绪，无法抹去我们的强烈感受。

为什么人们还是热衷于要"犯错"的人道歉呢？其实，无非是古老的信念在作怪，"我是对的"，如果你道歉，就说明"你是错的"。我们深陷于这种非黑即白、非得分个对错的二元对立思维中。

"我不能是错的"好像是魔咒。我错了，仿佛我的世界就崩塌了；我错了，好像我的整个存在都是错的。对于婴幼儿来说，我错了，妈妈就可能离我而去，这是毁灭性的。

这也是为什么我们会想尽一切办法证明自己是对的，那样我们才是有价值的。我们没有意识到，我们可以是错的，我们有犯错的自由。

没有诚意的道歉只是操控

有一次，在课上，我与翻译人员进行一些翻译上的核实时（我认为她的翻译有误），翻译一气之下走了，并且放话说不来了，要主办方另外找人。

那一刻我并没有觉得自己这么做有什么不合适，却像一个做错事的孩子，感觉自己给其他同学和主办方制造了麻烦，内疚而惶恐，害怕别人对我有看法，有些坐立不安。下课前，我跟大家道了歉，说由于我的原因，给大家添麻烦了。

道歉后，我又开始不安了。哪里不对，刚才我做了什么？我想通过道歉来消除自己的不安，让大家看到我也是一个受害者，我不是故意要这样的。而道歉最需要的诚意，我却没有，因为我并没有觉得在这件事情上我有何过错。其实，我就是想通过道歉来操控大家，并且我的目的达到了。大家纷纷安慰我，说"这不关你的事"。

第二天一早，我跟大家表达："我要为昨天的道歉跟各位道歉，昨天的那个道歉毫无诚意，其实我是想操控你们让我自己好过一点儿，真的非常抱歉。"

然后我转向老师说："其实我昨天应该跟你核对，而不是跟翻译在那里绕来绕去，你的意思是……吗？"老师回复我说："我确实不是那样的意思，谢谢你来跟我核对，让大家有机会知道我真正想表达的。"

所以，如果你收到的不是一个非常有诚意的道歉，其实你只是被操控了。我们为什么非得要那种没有诚意的道歉呢？

一些名人做了一些被大众认为是错的事情，其实跟大众一点儿关系都没有，例如出轨，只需要跟相关人士道歉就可以了。为什么还得开个新闻发布会，昭告天下，说"我错了"？然后"吃瓜群众"纷纷表示"好啦，原谅你啦"。被成功操控，还沾沾自喜，真真"被卖了还帮忙数钱"。

不道歉，那该怎么办？

离开非得拼个鱼死网破、你对我错、用道歉来证明对错的对立做法。其实前面所说的关于道歉的视频中的事情非常简单，首先这是两个孩子之间的事，留给孩子处理就是了，如果父母非得管，就从表达自己的感受开始。

微博上有一位妈妈问我，两岁大的孩子在游乐场因抢玩具打了别的小朋友，别的小朋友哭了，我的孩子没反应，我应该如何处理引导？

我回应她，可以这样跟孩子表达："宝宝，你打了别的小朋友，他难过地哭了，我想他一定很痛，妈妈看到也很难过。"然后听听孩子怎么说，或观察孩子的肢体语言（因为孩子还小，不一定会表达），了解孩子打人的原因，帮助孩子表达他想要表达的，比如跟孩子说："你真的很喜欢这个玩具，你也很想玩，有什么办法能让你们俩一起玩呢？"

让孩子了解彼此的感受，也启发孩子应对冲突的能力，这才是积极有效的做法。

至于道不道歉，可以等孩子情绪平复后再分享你想要的做法："妈妈认为把别人打疼了是需要跟对方道歉的。"当然，最好的做法是在平日的生活中，身为父母的我们活出我们的价值观，成为孩子的榜样。如果你认为必须道歉，那么就诚挚地跟他人道歉，让孩子学习你的言行一致。

最好的道歉并不是"我错了"

两年前的某个下午，我与父亲短信聊家常时，猝不及防地，父亲给我发了一条跟聊天内容无关的短信。他说，在你们小时候，爸爸疏于对你们的照顾，心中非常歉疚，现在只愿你们几个儿女都平平安安的。（从我有记忆开始，父亲就没在家住过）

不是因为被追究，不是非得如此，而是发自内在的歉意。那是我平生第一次听到爸爸的道歉，记得那个下午我哭了好久，好像所有的委屈、往日曾压抑的愤怒，在那一刻都烟消云散了。我有一种"原来你知道我是如此感受"的感觉。

其实真正的道歉是非常有力的，它并不是你错我对的形式，而是我知道、我看到、我明白我曾经的所作所为带给你的是什么，我明白你的个中感受、你的伤痛或愤怒，为此我发自内心地道歉。

那一刻我明白了，最好的道歉不是"我错了"，而是深深地知道我的行为曾给你带来什么。真正的道歉更像一种告白，跟他人分享我们的反思和领悟。真正的道歉不是因为你做了什么，我才如何，而是对自己的行为做出真诚的弥补。

　　而这样的告白，是完全敞开的，让彼此的心在那一刻互相照见，消除彼此的距离，达到真正的亲密。我想，这才是道歉的真正意义所在。

9. 有了尊重，没了伤害

生活中，当面对婴幼儿时，我们可能会不由自主地使用权威的方式处理一些冲突。我们都知道，人生的前六年对一个人的性格形成尤其关键。在这一关键时期，父母如何与孩子相处，对孩子的人生影响是很长久的。

如何在冲突时做到尊重呢？第三法是P.E.T.用以解决需求冲突的方法，要点在于先了解父母、孩子的需求是什么，然后在此基础上头脑风暴，寻求可以同时满足父母和孩子各自需求的解决方案。

孩子要吃冰的水果

有一天午饭后，阿姨给大家切了水果，是从冰箱拿出来的哈密瓜。当时才两岁多的小满格看到后想吃，妹夫不想让她吃冰的水果，于是打开手机音乐给她听。小满格听着音乐，却不时回头看茶几上的哈密瓜。

我开始倾听她："满格想吃冰的果果，可是爸爸不让吃。"她说："满格要吃冰的果果。"我接着发我信息："爸爸担心满格吃了冰果果肚子不舒服哦。""那就吃热的果果吧。"她说。孩子的第三法自然而然就开始了。于是我给她吃了常温的枇杷，她边吃边开心地跳。

看到这一幕，妹夫说："我刚才的方式没有考虑到她的需求，问题也没有解决（孩子只是暂时转移了注意力），而你的办法是跟她一起解决问题。"

孩子要玩水

妹妹把三岁左右的小满格带到我家，让我帮忙带一个早上。小满格一到我家就欢欣鼓舞地跑到阳台玩水，刚睡醒的我，牙没刷脸没洗，又不放心她一个人在阳台玩儿，于是提议说："你先进来，等我刷完牙洗完脸，你再出来玩吧。"小满格就像没听到一样，继续玩水。我知道我俩之间有一个冲突出现了，而我也不想放弃我的需求，开始想，怎样才能我开心、她也开心呢？

想了一会儿，我跟小满格讲："我帮你端着水，你拿上小椅子，然后你在浴缸里继续玩水，我也可以刷牙洗脸，这样可以吗？"小满格听完后，开心地点头表示同意。像这样的方法，我和小满格进行过不少，以至于后来当我俩有冲突时，小满格会主动邀请我说："我们来想想办法吧。"

四岁的冬冬要趴在地板上玩

冬冬在家里总是喜欢整个人趴在地上玩，妈妈担心他肚子贴着冰冷的地面会着凉，发了很多次面质性我信息，要么无效，要么只当次有效，下次又无效。这一次他又趴在地上，冬冬的妈妈让他别趴在地上，冬冬问："为什么趴在垫子上可以，趴在地上就不行？"

冬冬妈再次解释："地垫上不凉，地板上凉，我担心你肚子着凉。"他突然说："那把垫子绑在肚子上，是不是就可以一直趴在地上了？"（这是孩子带领妈妈进行第三法）

冬冬妈妈觉得在肚子上绑个垫子确实是个好办法，只不过绑地垫不现实，绑块厚点儿的布是可行的。于是冬冬妈妈说："垫子太大了，没法绑身上，绑块布吧。"最后他们找到一个旧枕套，孩子也很开心地参与了把枕套绑在肚子上的过程。宝宝玩得开心，妈妈也放心，双方的需求都得到满足，这就是他们一起找到的第三法。

托马斯·戈登博士说，感受和需求是沟通的两大基石。于婴幼儿亦然。

以上是一些针对婴幼儿的第三法，都是快捷式的。如果面对大一些的孩子或大人，我们可以进行得更完整一些。

第三法是彼此尊重、没有输家的解决方法。以往面对冲突，我们都会因为解决方法的不同而卡住，要么按我的解决方法，要么按你的解决方法，总有一方会输。而在P.E.T.中，解决方法并非需求，在使用第三法时，我们需要先界定彼此的需求到底是什么，根据需求寻求解决方法。第三法完整的过程包含六个步骤，父母可以通过我和女儿小妮的一个案例来认识一下这六个步骤。

小妮在六年级的时候跟我提出来要见网友。事件的背景是小妮由于《猫武士》这套书，五年级的时候在百度贴吧上认识了一群志趣相投的猫友。小朋友们除了共同的兴趣爱好《猫武士》，更是把猫武士吧搞得红红火火。兴趣果然是最大的学习动力，贴吧里的小朋友都是写作或绘画的高手，在大家的带动下，小妮学PS，学鼠绘，写了几本关于猫的小说，还写了一些诗歌。当猫武士吧开始壮大时，小朋友们开始渴望从虚拟走向现实。（用他们的话说，是从二次元走向三次元）广州的猫友们开始搞聚会，由第一次的五个人到后来的二十多人。北京的猫友们也开始搞聚会，但因为有家长跟着，大家觉得很无趣。

小妮和深圳的几个小朋友也想在寒假搞猫吧聚会，当她跟我说这个想法时，我脱口而出的就是："好啊，我送你去聚会的地方。"小妮"哦"了一声，说："还是不要了。"于是，我开始倾听她："如果妈妈送你去，你会感觉不被信任。"小妮说："嗯，有一点儿，不想要大人跟着，这是我们自己的事。"我说："你想独立完成，另外，大人跟着好像也很没面子。"小妮点头说："是的。"

我说："我们有冲突了，你想开心，我想放心，怎么办？"小妮说："第三法吧。"于是我们像以往一样，开始通过六个步骤寻找我们都满意的方法。

步骤一：界定双方需求，我们把各自需求写了下来。

小妮的需求：成就感的需求，社交的需求，被信任，独立。

我的需求：感觉安全，放松。

步骤二：头脑风暴各种解决方法，我们俩一起提出各种可能性。

1. 我送她到目的地，然后我先走。

2. 她看到其他朋友后拍一张照片发给我。

3. 邀请小朋友到我们家聚会。

4. 我偷偷跟着，不让其他小朋友发现。

5. 我跟其他家长通电话。

6. 我负责接送所有小朋友。

以上这些方法，我们都不满意，要么没有满足小妮的需求，要么没有满足我的需求。于是我们约定都再想想。几天后，我问小妮情况怎么样了。小妮说，有几个小朋友的父母不同意，目前只剩下她和一个叫小雨的姐姐还在坚持。我说："妈妈很支持你，尊重你的决定，但保护你的安全也是我的责任，你觉得怎么做，才能满足我们双方的需求呢？"

小妮说："这样吧，我让你看看小雨姐姐在猫吧的一些作品，然后我们先视频，你可以看看我们的视频。明天我带着电话，一见到她，我就打电话告诉你。"

步骤三：评估解决方法。

我们评估了一下，最后一个方法满足了我们双方的需求。

步骤四：选择解决方法。

当然，我们选择了最后一个。

步骤五：执行解决方法。

饭后两个孩子开始视频，我看到对方是一个跟小妮年龄相仿的戴着眼镜的可爱小女生。第二天一早，吃完早餐，小妮自己准备了零钱，带好电话，一个人坐地铁去了，十点半左右打电话告诉我，已经见到小雨姐姐啦，她们到书城了。中午的时候，小妮回来了，非常开心。

步骤六：后续评估。

聚会完，小妮按时回来，开心地跟我分享聚会的事情。我问："小雨的爸妈也同意了吗？"小妮说："她只跟她妈妈说是同学聚会。如果说实话，她妈妈肯定不同意，又不是所有父母都像你这么通情达理。"我也很开心，跟她表达："很感谢你对妈妈的坦诚与信任。"

大家可以看到，不管是婴幼儿还是青少年，第三法都是适用的，实际上几乎所有的需求冲突都可以使用第三法来解决。所以，可怕的不是冲突，可怕的是你不知道如何应对冲突。

10. 通过调整环境，无伤害地化解冲突

在生活中，影响一个人对他人行为是否接纳有三个要素——自我的状态、环境、他人。相同的行为，因为这三个因素的不同，我们会表现出不同的接纳度。比如说我今天状态非常好，那么孩子要我陪他玩，我可以陪他；如果我今天疲惫不堪，就无法陪孩子玩耍。如果在家里吃饭，孩子大声说话，我们可以接纳；如果孩子在餐厅吃饭大声说话，我们可能就无法接纳了。他人是指对象的不同，两岁的孩子要父母陪着睡觉，一般来说父母是接纳的；如果九岁的孩子要父母陪着睡觉，一般来说父母是无法接纳的。

这也就意味着，当他人的行为我们无法接纳时，要改变不接纳为接纳，我们除了改变自我的状态，改变他人，还可以进行环境调整。当我们跟孩子有冲突时，有些冲突可以通过环境的调整来做到无伤害地化解。

环境调整其实是很多家庭都在做的事情。比如随着孩子的到来，或随着孩子学会走路，父母会对家庭环境做一些改变，装上防撞条，给电源插座插上绝缘插头，把易碎物品收好，等等。

广州的一位妈妈，通过改变环境化解了跟老公经常发生的一个冲突。先生不愿意看到客厅里有玩具，妈妈觉得孩子在客厅里玩，难免

会有玩具。后来，她干脆把基本没人住的客房稍微改造了一下，变成孩子的专属空间。孩子开心，先生也不再烦恼，皆大欢喜。

一位爸爸跟我分享他是如何通过环境调整解决孩子要趴在马路的减速带上看车的难题。他在自己家的客厅搭了一条模拟减速带，还买了几辆小汽车，这样孩子在家就可以看到汽车经过减速带的过程了。孩子非常高兴，玩了一个多月，爸爸当然也就不用担心孩子跑到马路上看了。

另一位妈妈在生了二宝之后，原来跟她睡在一起的大宝只能睡到旁边的另一张小床上，大宝很不开心，甚至会发脾气。她跟先生决定把床扩大，让大宝也睡到同一张床上来。在当过木匠的爷爷的帮助下，他们扩大了床，一家四口睡在同一张床上，大宝开心无比。

小满格喜欢拿着笔到处画画，我家墙上出现了她的一些涂鸦。于是我在书房的一面空墙贴上白纸，告诉她这是可以画画的地方，其他地方不可以。她高兴，我也高兴。

我曾看到一个漫画家分享她家的环境调整。她不想让老公、孩子总看电视，但她发现，整个家居的环境设计非常方便看电视，人在沙发上坐下来，自然而然就想打开电视。于是她对客厅重新做了布置，把电视挪到一边，在最显眼的地方摆个小书柜，书柜旁边还有很舒服的沙发，结果大家往沙发上一坐，随手就拿起书来看，不再开电视了。

　　一些育儿观点会告诉你，如果你不想让孩子碰热水，那就让他被热水烫一下，他就不敢碰热水了。在我看来，这其实是惩罚，不符合无伤害原则。其实，做到无伤害，只需要做个环境调整，把热水或其他危险物品拿开，父母不用担心，孩子也可以很放松地玩，就这么简单。

chapter 5

一致性

整个 P.E.T. 所倡导的就是一致性沟通。可以说，真诚一致是 P.E.T. 的基调，倾听需要真诚的心态，表达我信息时需要内外一致，处理冲突时需要真实面对双方的需求。所以，一致性沟通就是不越界、不评判、负责任和无伤害的沟通。

　　我们的内在总是有很多种声音，现实社会中几乎人人皆分裂，针对分裂的唯一药方是真诚一致。如果我们活得越来越真实，就会越来越喜欢这样的自己，也就不会在关系中索取，最终在真正意义上建立起关系来。

　　很多时候自欺太深，我们都已当真。有一个词被用来形容这种自欺，叫作强迫性假装。有一回我跟女儿探讨什么是强迫性假装，她给我打了个比方："强迫性假装就是你原来是一匹斑马，可是你一直告诉别人和自己说你是长颈鹿，终于有一天，你完全忘记了斑马这回事，认定自己是长颈鹿。"

　　好人、贤妻良母、专家、矜持的人、谦卑的人、胆小的人、坏人……已经成了很多人的强迫性假装，成为人生戏码，演着演着入戏太深，装着装着信以为真。如果有一天有人告诉你，其实你不是长颈鹿，你是斑马，你一定会以为对方傻了。

　　假装的背后是恐惧，恐惧真实的自己不够好。从而形成一个悖论：真实的自己不够好，所以开始假装，但内在又为无法做真实的自己痛苦。假装好人的，通常自己很痛苦，然后开始投射别人的坏，"我都这么好了，坏的只能是你了"；假装矜持的，会特别痛恨生活中遇见的那些活得奔放的人；假装胆小懦弱的，会处处遇见强势的人，继续出演被欺压的戏码。

惭愧得很，以上提到的或没提到的戏码，我都演过，甚至至今仍在演着。但我有个体会，每减少一出戏码，仿佛身上的重量就少一些，人就更轻盈一些，前行也更容易一些。这就是为什么我们都渴望做真实的自己，当一个人越真实，纠结就越少，力量会更多。

真实一致，意味着不欺人也不自欺。武志红老师说"不欺人需要勇气，不自欺需要智慧"，我深以为然。在这一章里，我会带领大家从叩问初心开始，探讨我们到底想做什么样的父母，想秉持什么样的养育观，想传递给孩子什么样的信念。清晰了这些初心，再加上我们的发心，那么做真实的父母，做内外一致的人，即使难，我们也可以做到。卡尔·罗杰斯说，生命的过程就是做自己，成为自己的过程。愿你我在欺人或自欺的路上能够止步，甚至回头。

当我们做回真实的自己，放下羁绊与观念的束缚，就会更有能力在无问题区与孩子相处，陪伴孩子成长。

1. 做真实的父母

P.E.T.父母效能训练课程里，有一条接纳线，这条接纳线根据每个人的状态和对象的不同，会上下浮动。这条接纳线对我来说，传递的就是，做真实的父母。

真实的父母意味着打破父母无所不能的神话，承认身为父母的我不是完美的，我是有限的，有些行为我能接纳，但也有些行为是我不能接纳的。有些事，我也有做不到或做错的时候。

有一位东莞的妈妈，在初来参加工作坊的时候，苦恼于九岁的孩子总是咬指头，情况甚至严重到指甲都被咬得变形了。

当她问我怎么办时，我说我也不知道，我并不了解事情的全貌，不了解你的孩子曾经经历了什么，所以我很难告诉你应该怎么办。咬指头的孩子多半是因为心中焦虑，或许你可以顺着这样的方向，看看孩子的心中有什么不安的事情。

在工作坊进行期间，这位妈妈突然意识到，自己在孩子六岁前，一直都对孩子有排斥心理，常常觉得孩子妨碍了她的诸多事情，近几年，随着在生活上逐渐安稳下来，她才对孩子由不接纳转为接纳。

工作坊结束，这位妈妈做了一件非常勇敢的事情。她回到家后，把她的心路历程一五一十地向孩子坦陈：妈妈怀你的时候，曾想过打掉你，那会儿我和你爸爸刚开始创业，非常辛苦，我们觉得有了孩子可能会妨碍我们的事业发展。在你出生的前几年，妈妈确实无法全力去做事情，心里时常会有抱怨，没有真正接纳你的到来。在你六岁后，家里的环境开始改变，我完全接纳了你，妈妈现在很爱你。

这位妈妈告诉我，让她惊讶和感动的是，孩子听完她的叙述后说："妈妈，谢谢你当初没有把我打掉。"更让她惊讶的是，那次谈话后，孩子居然不咬指头了。

听完这位妈妈的讲述，我一方面被她的勇敢感动，另一方面也被这个孩子打动。妈妈对自己的不接纳，孩子一定感受到了，那些不安一直横亘在他心中。而当妈妈如此坦诚时，那份不安终于得到释放，妈妈的真实带给孩子安全感。于是，孩子不再通过咬指头来平息内心的焦虑。

与一位好朋友相约见面，自然会谈起孩子。她说到她的苦恼，几年前她因喜欢上了A，离了婚跟A在一起，那时孩子才七岁。

这几年，孩子时常有情绪上的爆发，指责是她的错，是她离开了他父亲和他，并经常流露出对A的不接纳。我的朋友要么否定，要么选择沉默，但孩子的状况挺让她困扰的。

我说："亲爱的，孩子不需要一位完美的母亲，但他需要知道真相。"几个月后，我再次与她相见，她说："亲爱的，上次跟你聊完之后，我的收获太大了。"

她说："上次见完你回来，儿子又一次指责我时，我第一次向他坦陈，告诉他，在这件事情上你是对的，是妈妈做错了。刚开始孩子有点儿愣了，但那次之后，他对我和A的态度有了很大转变，居然会在A要出门时，主动提出来送A，之后跟A的相处也渐渐变得融洽。我真的太谢谢你了。"

其实，她要感谢的是她自己，是她自己的勇敢，还给了孩子一个真相。其实，孩子并不是真的要去指责妈妈，他要的是一个真相，让这件事情在他心里得到一个了结。

据说曼德拉当年被释放后，别人都以为他会翻旧账，而他只是公开真相——曾经的统治者如何迫害黑人种族。当真相被公开后，并没有想象中的群情汹涌或出现报复行为，亲人们想要知道的就是真相，唯有真相可以告慰在天之灵，告慰亲人们的悲伤。

这就是真相的力量。人们以为隐藏某些真相能避免给他人或自己带来伤害，但我一再看到，真相能带来疗愈，真相能带来真正的亲密，真相能让人真正地放下。

我想，这是因为坦陈真相，做真实的自己，需要勇气，而这种勇气对家人来说，就是爱！

从另一层面来讲，当我们能坦诚地面对自己时，我们也跟自己达成了和解。世界不外乎我们的投射，我们已宽恕了自己，外在的世界又怎么会有冲突呢。

2. 父母是孩子最好的疗愈师

分享一段对话，向这样的"她"致敬。

她：安心老师，由于性格不好和愚钝，在孩子出生后，我就对孩子用了哭声免疫法。后来接触到一些育儿书，才知道自己是多么愚蠢。这件事让我深深地愧疚，一直不能释怀。平时偶尔也会对孩子不耐烦，烦躁地训孩子。孩子现在三岁零两个月，在幼儿园表现得很没安全感。（上幼儿园差不多两个月）我想向孩子忏悔，不知这么小的孩子合适吗？她承受得了这么残酷的现实吗？

我：亲爱的，可以跟孩子去坦陈你的歉意，更重要的是以后你的方式要有所改变，要让孩子从心里感觉到妈妈的努力。

她：感谢安心老师的建议。我向孩子道歉了。孩子那天躺在我身边，很痛苦地喘着粗气，闭着眼睛流眼泪。我一直道歉，为平时对她发火而道歉。她问我要干吗？我说向她道歉。后来她好像不痛苦了，好奇地看着流泪的我，然后就玩去了。

我：感动于你的勇敢，我想孩子一定感受到了你的爱。

她：希望是这样。这都是我自己作的孽，得还。我得拼命地改造自己，对孩子不耐烦的毛病根深蒂固，理智根本控制不住。

（几天后）

她：安心老师，孩子真的是非常善良。自从我向孩子道歉后，孩子上幼儿园三天了，一下子就不黏女老师，也不再怕男老师，可以自由玩耍了。老师说，她今天还带着两个比她小的小朋友一起玩耍。知道这些，我真的是又开心又内疚。原来孩子真的是因为那些伤害而受伤，而且她那么快就原谅了我。

我：真的太为你开心了，亲爱的。

她：是您的文章救了我。

我：不，是你自己，亲爱的，是你对孩子的爱。

与她的对话，刚开始是不经意地进行着。我经常收到类似的咨询，我也会适当地给予回应。然后，通常也就没有然后了。而当收到她说去向孩子道歉的消息时，我有些意外，也有点儿惊喜。从脑到心是最遥远的距离，明白容易，付诸行动却不容易。她不但反省了，还做出行动，这是真正的了悟。

当她再次发来孩子的变化时，那一刻，我心里微波荡漾，一阵阵感动涌起，分享她的喜悦，也仿佛看到一朵幼小的花蕾从紧缩到绽放。

"一下子就不黏女老师，也不再怕男老师，可以自由玩耍了。"我仿佛听到世界上最美丽的诗歌。

后来跟妹妹分享这些，然后谈起小满格最近已经不再打我，温柔得我都不习惯了。那天放学，小满格见到好几天不见的我，开心地跳啊跳，跑过来抱我，又用小手轻轻地抚摸我，一直黏着我，连最喜欢去的游乐场也不去了。隔天放学知道我去理发，她还跑到美发店里找我，一直等到我理完发后一起回家。

我跟妹妹说，看样子她已度过了刚入园的适应期。妹妹说，是啊，最近连手指都不抠了，也有力量去跟其他小朋友表达她的情绪了。

在一次工作坊里，一位爸爸分享了他向九岁的儿子道歉的过程，原因是之前有很多打骂孩子的行为，孩子听后泪流满面。

一位妈妈跟我分享了她的经历：我找了一个机会告诉大女儿，以前我真的不觉得她可爱，甚至觉得她有点儿丑，有些讨厌她，因为她的出生让我措手不及，给我的生活和工作都带来很大变化，让我有了很大落差。但是现在我不讨厌她了，我真心觉得她很可爱，有生命力和不可估量的未来，我打心眼儿里爱她。她问我，为什么以前不爱她，现在又爱她，觉得她可爱了。

我告诉她："以前我把自己生活中不开心、不如意的地方都怪罪到你身上，觉得是因为你我才不能去上班，不能做很多事情，实际上这些都是我自己的选择。生活和工作上的改变也是我缺乏对自己的接纳，不是你的原因。倒是你，不管妈妈怎么对你，你都一如既往地爱妈妈。现在，妈妈明白了，妈妈很爱你和妹妹。"然后，她抱了我一下就去睡觉了。最近这段时间，她经常跟我讲，她记得小时候的事情，以前她从来不说，我以为她都记不得，原来是不愿意提起。

所以，我想说，父母是孩子最好的疗愈师。我们的反省和行动可以疗愈孩子，我们的耐心和接纳可以协助孩子。这个内在蕴藏着智慧种子的小小灵魂会绽放，会成长，会有力量去面对外在可能发生的"风暴"。因为他知道，在你这里有稳稳的爱！因为他知道，他有大大的港湾。

3. 无条件养育是一种邀请而非要求

爱无法思量，爱无法培养，爱无法练习。练习爱，练习手足之情，这些依然在头脑的领域之内，因而并不是爱。当这一切都停止，爱就会出现，然后你就会知道爱是什么。

——克里希那穆提《最初和最终的自由》

什么是无条件养育

或许每个人心里都渴望无条件的爱，渴望自己被无条件接纳，所以自从无条件养育这个课题出现，大家好像都被某种美好的信念吸引，纷纷加入无条件养育的队伍。但是，到底什么是无条件养育呢？

说到无条件养育，很难不提及无条件的爱。爱是什么，本来就很难用语言说明白。语言是苍白的，甚至是无力的，很多时候语言所表达的与真实体验相去甚远。那感觉就像是喜欢吃榴梿的人，很难把个中感受跟不喜欢吃榴梿的人表达清楚，不管怎么描述，那些不吃榴梿的人还是很难明白。所以，到底什么是无条件的爱，什么是无条件养育，我们不妨来好好思考一番。

对于无条件养育，凯蒂说："那意味着他（孩子）不欠你任何事情，你也不是为了他的缘故。你明白你做这件事情纯粹是为了你自己。带着这份觉知来抚育你的小孩，而且全然清楚地知道，你会在那里，是因为你想要在那里，以身作则地抚育他们、教导他们。你这么做，仅仅因为你爱他们，而且因为那么做时，你才会喜欢你自己。那全都跟他们无关。虽然那是一种全属'一己'的行为，却是无条件的爱，这是值得一再重申的真谛。"虽然凯蒂说养育跟孩子无关，是"一己"的行为，但可能对有些人来说，还是很抽象，要讲清楚不容易，讲不好，反而让人更糊涂了。

既然很难讲清楚什么是爱，那就来讲什么是"非爱"好了。讲无条件的爱、无条件养育是什么或许不容易，但是讲无条件养育不是什么，却可以一试。

无条件养育，不是带着条件

《无条件养育》的作者艾尔菲·科恩说，父母给予孩子的爱，不需要任何意义上的回报，它只是一个礼物，是所有孩子都应该得到的礼物。所谓无条件养育，在我看来就是在无条件的爱的基础上衍生的养育行为。简单来说，就是你不是怀有某个目的才去养育孩子。

很多年以前，我看过一部电视剧，由王志文主演的《天道》。剧中有一幕，王志文饰演的角色与剧中的母亲发生争执，母亲说养儿防老，王志文饰演的角色回应母亲：如果您养儿就是为了防老，那就别说母爱有多伟大了，您养来养去还是为了自己，那是交换，等不等价还两说呢。

当时，这句话像是一记闷棍打向我，毫无防备下直击我心。我第一次想，是啊，如果我们带着条件、目的来养育孩子，那不就是交易吗？这是哪里来的恩情呢？

有时，我觉得无条件养育这件事，大自然做得比人类好，它们是在真正地实践无条件养育。企鹅爸爸和企鹅妈妈，在企鹅宝宝长大之前，几乎倾尽所能。一旦企鹅长大，那种分别令人动容：已长大的企鹅纵身一跃，游向茫茫大海，此生必难再相见。它们的养育没有条件，无怨无悔，却代代相继。

人类心理进化论的相关研究提出，符合心理进化论的养育方式，应该是父母养育孩子，而孩子无须回报父母。因为孩子回报父母的最好方式就是把自己活好，再去养育他们的孩子，代代相传。

无条件养育，不是实施控制

没有控制，即尊重，尊重孩子本来的样子，尊重孩子的独特性。把孩子比喻为不断成长的小树，如果父母按照自己的意愿修枝剪叶，甚至设计好生长的方向，这样的养育方式，有可能会养出很好看的盆景，但每一盆盆景都在诠释着什么叫扭曲或非自然。

如果我们对孩子有足够的尊重，愿意放下"我比你大""我比你懂"的权威式养育，我们便敢于不对小树实施操控，只浇水施肥，至于小树长成什么样，我们愿意去信任。在安全的养育环境下，春来草自发，孩子自然有向上和向善的内在成长动力，会成长为他自己的样子。

无条件养育，意味着我们愿意尊重孩子的感官需求，让他们自己选择吃什么、穿什么、听什么、闻什么，我们会尽力协助孩子发展自我管理能力。无条件养育，意味着我们愿意尊重孩子的思想，包括想法、意识甚至信仰；允许孩子去经历和探索他们的内在世界，学会与自己、与世界相处。无条件养育，意味着我们愿意尊重孩子做出的决定，孩子有权利为自己的人生做出选择，选择他们更感兴趣的外在世界。在这个过程中，父母的放手，是孩子学会自我负责的最好方式。

与其操控孩子的成长，不如给予接纳。托马斯·戈登博士把接纳比喻为肥沃的土壤，把孩子比喻为蕴含成长能量的种子，他说，接纳就像土壤，能够使孩子发展并实现自己的潜力。

无条件养育，不是带着预设

做父母的过程，是不断看见自我、面对自我的一个过程。稍有觉知，我们就会看到，我们常带着预设，或带着期待养育孩子，而这些预设和期待往往就是父母内在匮乏感的投射。

我当年没有漂亮裙子穿，所以希望把孩子打扮成公主；我当年没有钢琴学，所以希望我的孩子能成为钢琴家；我当年吃不上美味的食物，所以我要带孩子尝遍美食；我当年没上好学校，所以我拼命想让孩子上名校；我当年很贫穷，所以我想尽办法让孩子衣食无忧。

如果没有觉察到这些来自我们自身的投射，就会把孩子拉进我们的那个叫作失落或恐惧的世界里，希望孩子活出我们曾经想要的部分，好让我们的心得到些许弥补。这对孩子来说是不公平的，孩子需要在自己的世界里活出自己的样子。

生命是一趟不断前行的旅程，孩子属于明日世界，而我们的世界注定会成为过去。纪伯伦说，你可以拼尽全力，变得像他们一样，却不要让他们变得和你一样，因为生命不会后退，也不会在过去停留。

总的来说，带着目的、操控和预设的养育方式，不是无条件养育。无条件养育者的内在状态和秉持的价值观更接近于给予孩子平等的尊重，让孩子享受属于他们的自由。这种关系接近于哲学家马丁·布伯所指的我与你的关系，而不是我与它的关系。

如果你看完以上内容，觉得还是不够清晰，还是有疑问，那么以下这些关于无条件养育的问题，或许能解答你的困惑。

问：无条件的养育，是否意味着要无条件接纳孩子?

这可以说是很多人的迷思，很多人甚至会把无条件的爱与溺爱混淆。溺爱不是爱，无条件养育不是放任和溺爱孩子。不去操控孩子的行为，不是说就得委屈和牺牲为人父母的需求。

所以，从行为层面上来说，无条件养育并不是说要接纳孩子的所有行为；从情绪层面上来说，情绪没有对错好坏之分，父母要尽可能地接纳孩子的情绪；从意识层面上来说，不管孩子做什么，我们始终是接纳孩子的。

比如说，你要休息，孩子却把音乐的声音开得非常大，这种情况下，你可以跟孩子提出你的需求，看看如何同时满足双方的需求；假设孩子因我们的需求而有情绪，我们理解孩子的沮丧，不做任何评判；同时，在意识层面，我们知道，接不接受孩子当下的行为并不妨碍我们对孩子的爱。

问：P.E.T.以无条件的爱为理论根基，既然无条件的爱难以达到，那么P.E.T.技巧是不是也难以达到？

无条件的爱是比较抽象的，貌似很难达到，但是P.E.T.正好让这个抽象变得很具体，告诉我们如何说、如何做才是无条件的爱。所以，无条件的爱或许很难，但学习P.E.T.会让它变得容易一些，并且这是无限接近无条件养育的道路之一。

问：P.E.T.一直强调破除那三个神话，做真实的父母，那无条件的爱本身不也是一个神话吗？甚至是一个更大的神话？

如果父母以为自己无所不能，可以接受孩子的任何行为，那确实是神话。而无条件的爱，更多的是指我们内在持有的态度，而非在外在呈现一个虚假的自己，做真实的父母，本身就是对无条件的爱的实践。所以，无条件的爱并非神话。

问：无条件养育是不是代表不要规矩？无条件养育会不会把孩子惯坏？无条件养育是不是孩子说什么都是可以的？

无条件养育不是溺爱，可以有规则，也无须惯坏孩子，当然并不是孩子说什么都可以。无条件养育以尊重孩子的需求为基石，在此基础上可以有规则，并且无须委屈父母本身。

问：父母没有得到过无条件的爱，如何做到给孩子无条件的爱？

我们确实很难给别人自己没有的东西，但为何我们可以给孩子无条件的爱呢？因为我们的内在本来就有无条件的爱，我们的本质就是爱，我们的存在就是最好的证明。借着不断给孩子无条件的爱，每次的给都是在加强你的有，施与与接受就在同时完成了。当你给予孩子无条件的爱时，你也在接受来自你内在的那份亘古不变的爱。在《少有人走的路》这本书里，作者M.斯科特·派克说，我们终归会意识到，爱自己和爱他人，是并行不悖的两条轨迹，二者距离越来越近，其界限最后模糊不清，直至完全泯灭。

问：自己的无条件养育理念与家人的教育方式发生冲突时，既希望让孩子感受到自己无条件的爱，又希望拥有和谐的家庭关系和氛围，该如何跟家人和孩子沟通？

给孩子无条件的爱是你的事，不是你家人的事，你可以无条件地爱孩子，同时，也要允许你的家人用他们的方式养育孩子，甚至你也要允许自己并不能时时刻刻都做到无条件的爱。

问：无条件的爱似乎是神一样的存在。既然那么难接近，我们还有必要去追求吗？

我们或许无法做到完美得像神一样的无条件的爱，但我们可以尝试去做到不完美得像人一样的无条件的爱。

问：无条件养育，能让我孩子考年级前十名吗？

想要孩子考年级前十名，本身就已经不是无条件养育了。但我看到身边那些被无条件养育的孩子的学习成绩都很好，这是无条件养育的副产品，不是无条件养育的目的。

问：我的孩子不愿写作业，无条件养育能解决吗？

如果你抱着一定要让孩子写作业的目的，那么无条件养育可能解决不了你的问题。如果你愿意先放下你的目的，去关注一下孩子的内在需求到底是什么，说不定是有机会解决的。

问：孩子不想学琴，无条件养育是要坚持还是接纳？

既非坚持，也不一定就要接纳，回到双方的需求上，或许你们会有不一样的发现。

问：只需要对孩子无条件地爱吗？对老公、婆婆也要无条件地爱吗？我无条件爱他了，谁无条件爱我？

无条件养育是一种邀请而非要求，你要如何对待他人是你的选择，没有什么是必须做的，甚至你都不一定要对孩子无条件养育。你是如何对待他人的，无非是你内在如何对待自己的呈现而已。

问：孩子不上幼儿园，我不接受，怎么无条件养育？

无条件养育不是什么都得接纳，不接纳也根本不是问题。问题是你如何来表达不接纳，而不是传递对孩子的否定。

问：我接纳你的情绪，不接纳你的行为，孩子分得清吗？

往往分不清的是大人，孩子比我们更清楚，没有我们这么纠结。

问：看科恩的书，觉得哪儿都对，一践行，发现根本做不到。理想与现实的差距太大，就是一本来自理想国的书嘛。

送你艾尔菲·科恩的那句话：这很难，但仍值得我们全力以赴。

问：无条件养育理念践行多少年了，你在身边看到成功案例了吗？我们这些接受传统教育的人，虽然说不上有多好，至少是正常群体，万一孩子以后被这些西方思想给毁了，难道再生一个吗？

人类存在多久，无条件养育就存在多久。有很多父母不知道什么是无条件养育，但他们实践的就是无条件养育。细细观察，你会发现奉行无条件养育的人就在你身边，只是他们不知道这叫无条件养育。

问：无条件养育，不能对孩子有任何期待，这不可能啊！

是不能，我们的惯性是期待孩子、要求孩子。如果你愿意奉行无条件养育，就会带着觉察来看待这一切，知道这是自己的期待，你可以邀请孩子来帮助你完成。如果你的孩子愿意当然好，不愿意你也会知道，这是你的期待和要求，不是孩子的。

这些年来，我一直在践行无条件养育，我做到了一些，体会到了一些。坦白地说，很多时候我是做不到的，我会不由自主地操控孩子、期待孩子。我发现为难我的始终不是孩子，而是我的内在习性，所以我非常理解认为无条件养育很难的父母。

是很难，但不管能做到多少，我觉得都是意义非凡的。我比我的父母更少些操控，我的孩子比我更少些操控，我的孩子的孩子比我们更少些操控。我想，这一切总得有人开始。去给，但不期待回报，起码从孩子身上我们可以尝试去践行。或许有一天，就真的做到了呢？放过他人，终究自由的是我们自己。或许那时我们就能明白克里希那穆提说的：当这一切都停止，爱就会出现，然后你就会知道爱是什么。

4. 养育的初心，爱还是恐惧

一位妈妈问我："最近有人告诉我，如果你不想让孩子碰危险的事物，那么你就让他去碰一下，这样下次他就不敢去碰了。这样做对吗？"

我知道这是来自所谓的逻辑后果或自然后果的做法。我问她，你觉得孩子停下来不敢再碰，是因为什么呢？

很明显，是因为恐惧。

在我看来，这不是一个对或不对的问题，而要回到每位父母养育孩子的初心上来。我们想教给孩子的是爱，还是恐惧？

扪心叩问，如果你想教会孩子的是爱，那么这样的方式是你所要摒弃的。但如果你只想省事，只想有效，那么，恐惧确实能让人却步。

就像早些年，有些培训机构在招生时会跟父母讲，如果不教育好孩子，你的孩子可能会变坏，可能会自杀，可能会杀人放火。我非常反感这种通过引起父母的恐惧来激发他们的成长和学习的需求，从而达到招生目的的做法。尽管那样确实能招到学生，也能让更多的孩子走上学习之路，但我对此是不屑的，我仿佛看到一群人带着恐惧聚在一起。

　　于我，更愿意你是因爱而来，而非恐惧；于我，我更愿意与你一起回忆养育的初心，而非恐惧的幻象；于我，我更愿意相信孩子有向善的生长动力，而非不教不成才；于我，我更愿意信任孩子有自我负责的能力，而非无助的受害者；于我，我更愿意相信亲子之间的这场缘分是相互的选择，而那样的选择是出自爱，而非恐惧，因为爱才是我们的本来面目，是你我的本质。

　　所以在我看来，要判断一种养育方式适不适合你，先要问问自己，你想选择爱吗？如果想，你就会看到，哭声免疫法、延迟满足需求、自然后果、暂停时间、按时喂养、温柔而坚定等方式的背后都是恐惧。出于恐惧，父母通过这些方式实施隐形的权威和操控。在P.E.T.父母效能训练官方网站上，有托马斯·戈登博士的一小段视频，虽已时日久远，但他有力的声音仍穿越时空而来，振聋发聩，撼动当下的你我，向我们提问道：你敢摒弃所有形式的惩罚吗？

　　我想，如果你选择的是爱，那么对于戈登博士的提问，你的答案必然是肯定的。

选择爱还是恐惧，你的心会告诉你答案

　　对于一些养育方式，例如温柔而坚定，有人不理解，这为什么

会是恐惧？是不是恐惧的关键在于父母是否带着权威来使用这些方式？如果带着权威使用，那么其背后就是恐惧，因为驱使父母使用权威的最根本原因往往就是恐惧；反之，则非恐惧。

权威是生活中的必然存在。比如契约性权威，大部分体现在上下属关系中；知识性权威，比如律师、医生等专业性行业；角色性权威，比如警察、父母。这三种权威皆非我所指的权威。我所谈及的权威，是指亲子关系中，父母由于与孩子的力量、资源等相差悬殊，而对孩子实施操控的行为。

在我看来，绝大部分父母在使用权威时，都是源自内在的恐惧。有些权威明着使，比如打孩子；有些权威暗着使，比方上一篇中提到的"为你好"。

我必须坦陈，我写这些文字，并不代表我没有使用过这些方式。相反，我也曾使用过，比如我曾在未学习成长时打过孩子，曾在初成长时对孩子使用过延迟满足需求、温柔而坚定等方式。也因此，我深知父母在使用时的无奈、愤怒和无助，甚至是无力，也体会了使用过后的那种懊恼和愧疚。

所以，我更多地站在一位妈妈的角度，与大家分享和探讨我在育儿路上16年的摸爬滚打中得到的体会和感悟。以下是大家提出的问题及我的解答（收集自我的微信公众号和微博）：

问：摸热水壶这种方式，我做过，倒不是为了让孩子害怕热水壶，而是让他知道热水壶是烫的。现在看来好像会给孩子带来恐惧，请问"爱的方式"该如何处理类似的事呢？

所谓的自然后果，指的是让孩子为自己的行为后果负责，比如说你提到的热水壶，在说了几次孩子还不注意的情况下，就干脆不提醒了，孩子被烫过后自然会记得，无须家长提醒。

很显然，孩子是因为恐惧、害怕而停下来的，类似的事情还有过了饭点儿就没饭吃，孩子经历了饿肚子后，下次就不敢了。如果把你的孩子换成你的妈妈，你会对你的妈妈说过了饭点儿你就没饭吃吗？显然我们都不敢这么做，而对孩子，为何能这么做呢？因为对孩子，我们在使用权威。

前几年，我和弟弟一家去宜家。侄儿调皮地到处跑，他妈妈说了几次他还是不听，那时候我心里来气，竟鬼使神差地拉着我弟妹往前走，说"反正丢不了，我们往前走，他一会儿找不到我们就知道怕了，下次就不敢了"。果然，侄儿找不到我们，最后借了宜家员工的手机给我们打电话。当他看到我们时，一脸惊慌，拉着妈妈的手再也不敢放。

当时我就是因为内在的愤怒，想对孩子施以惩罚，使用了自然后果，当我看见孩子一脸惊慌时，后悔万分，真恨不得找个地洞钻进去。从那以后，我发誓再也不使用这种方式了。之后每次被孩子惹生气，心里升起"让你试试，你就知道害怕了""让你试试，你就知道错了"这样的念头时，侄儿的脸就会浮现出来。就算我多么生气，我也不会再使用那种方式了。

不过，你描述的这种情况，是你带着孩子感受水壶的热，让他体验热的感觉，不是出自恐吓或惩罚，当然也就不会给孩子带来恐惧。

至于如何处理，大部分情况下，我们可以进行环境调整，比如把危险的物品安置在孩子够不着的地方。对于大一点的孩子则可以进行倾听，了解孩子这么做的目的和需求，也告知孩子父母的需求，从而寻找双赢的方式来解决孩子和父母之间的冲突。具体的做法，可以参照戈登博士的书《P.E.T.父母效能训练实践篇》。

问：为什么温柔而坚定也出自恐惧？

温柔而坚定可以出于爱，只是现在经常被滥用于拒绝孩子。比如婴幼儿喜欢用手拍你或抓你的头发，你完全可以把孩子的手拿下来，温柔而坚定地（不是笑着说）对孩子说："你这样拍妈妈，妈妈会痛，我不喜欢。"

这样当然不会给孩子带来恐惧。但是，现在很多人是怎么使用温柔而坚定的呢？孩子跟父母提出他想要某样东西，父母觉得不合理，就温柔而坚定地笑着对孩子说："不可以。"我曾看过一个温柔而坚定的案例，不管孩子怎么情绪高涨，妈妈都温柔而坚定地笑着说："不可以。"我要是那个孩子，心里肯定失望至极。

曾经有妈妈问我为何不能这样使用，我问她，如果你跟你的先生提出某个需求，然后不管你怎么说，不管你的情绪如何，你的先生都笑着对你说"不可以"，你会如何？这位妈妈说，估计她一巴掌就扇过去了。是啊，大人之间肯定不会把这种方法用在彼此身上，那为何会对孩子使用？因为那一刻我们在使用的就是权威，而绝大部分权威的使用都源自内在的恐惧。

问：延迟满足需求、温柔而坚定，这些方法我都用过，更好的方式是什么？

更好的方式，当然是了解孩子的需求是什么，也跟孩子表达自己的需求，然后一起来寻求能同时满足双方需求的解决方法，这是基于尊重的双赢法。

问：那过马路呢？正是恐惧帮了忙。

恐惧会让我们在危险面前止步，这没有什么不好，就像愤怒会让我们保有自己的界限一样，也是孩子们在生命过程中学习到的经验。我在这里说的，是父母出于某种原因，对孩子使用权威，刻意让孩子感受恐惧，希望孩子因恐惧而停止做某事，利用恐惧来操控孩子，是刻意而非自然发生的，与前者是不同的。

问：我允许孩子去碰触他想碰的危险品，心里想着他碰了就会知道危险，以后不会再碰。但我想给他自由，陪着他触碰这些危险的物品，在旁边保护他，这样算是自然后果教育吗？我很困惑。

让孩子知道危险，他以后就不敢了，这正是自然后果的核心思想，你想给孩子自由，却让他领教了恐惧。当然，如果你在当时心中没有怒气，没有惩罚的念头，而是在安全的范围内，带着孩子体验一下，也没什么不可以。

问：虽然做法很认同，道理也赞同，但恐惧是人类的感情之一，孩子也是需要面对的吧？

是，所有的感受，孩子都会体验到，这没有什么不好。但是如果出于人为的惩罚，或父母明知却为之的情况，对孩子来说，感受到的就不单是恐惧，还有对父母深深的失望。而这样的失望有可能会被孩子带到日后跟他人的互动中，总是期待他人可以无条件对待自己，为人际关系带来诸多阻滞。

问：难道选择爱就没有恐惧吗？选择爱孩子就永远不会恐惧吗？

第一个问题上面已经回答过了。第二个问题，父母的养育从爱出发，孩子当然也会有恐惧，但是如果父母给予的更多的是爱，那么孩子面对恐惧时就会更有底气、更有勇气。

问：敢不敢把奖励也摒弃了呢？

奖励也是权威的一种。你会不会因为父母做了什么让你开心的事情就奖励你的父母呢？想必不会。一般我们只会对孩子使用奖励，其实就是在使用权威。所以，各位父母，敢不敢把奖励也摒弃了呢？

我这样写，绝非是想责备父母们，正如我所说，我自己也曾使用过其中的一些方式。我只想分享我的经验与体会，带给父母们更多的思考，从不同视角来看待亲子养育。毕竟，我们不是在养一只猫或一只狗，我们在养育的是充满灵性的孩子，我们都期待爱能够在亲子之间流动，滋养彼此，让孩子有更轻松的人生。

5. 一致性沟通，不再做烦躁的妈妈

柳叶从P.E.T.学员开始，不断实践使用P.E.T.，后来成为一名P.E.T.讲师，对于P.E.T.的使用已经相当熟练。这一次带娃出行，更是几乎把所有P.E.T.沟通技巧都用上了。

在这个案例里，我们既可以看到一致性沟通是如何在生活中使用的，也可以看到如何有效利用一对一时间[①]。

单独开车带娃出门，绝对是绝佳的P.E.T.操练时刻，封闭的空间，两个人一对一，没有其他人干预，可以尽情发挥。这不，机会来了。

出门之前，提前告知孩子：嘟嘟啊，一会儿妈妈要带你去跟两个阿姨玩儿，果果弟弟也会来。妈妈要开车，你在后排坐安全座椅。

> 预防性我信息，把可预见到的也许会引发冲突的事情提前告知，让对方有一个心理预期，不至于难以接受，是避免冲突的一大良方。

[①] 一对一时间：在P.E.T.里，时间分为三种：一是单独时间，独处时间；二是一对一时间；三是活动时间，指家庭成员一起做某件事情。

嘟嘟愉快地答应了，我们开始收拾东西。因为考虑到他需要自己坐在后排，时间一长会比较无聊，所以我给他带了小零食、水和玩具汽车。一切就绪，准备出发！

这部分可以归结为调整环境，给孩子准备他喜欢的贴身物品，可以避免他在无聊的时候要求父母陪伴而发生冲突，是防患于未然、避免冲突的另一个好办法。

路程有点儿远，还有点儿堵车，两年没开车的女司机，开的还是手动挡，第一次带娃出门的心情是忐忑的。上车前给嘟嘟一包零食，把他放进安全座椅，我自己坐好，把车内的后视镜做了调整，保证既能看到后面的来车，又能观察到他的状态，终于出发了。走了一半，零食吃得差不多了，他觉得无聊了，说：妈妈，把我抱下来吧！

我：坐着没意思了。

当孩子有需求的时候，可以使用倾听的方式回应，不否定，帮助孩子的情绪流淌。

嘟嘟：嗯，妈妈抱抱！

我：嗯，想要妈妈抱抱，可是妈妈在开车，现在没办法抱你……

不能接受孩子的要求时，使用面质性我信息，表达事实、影响及感受，不责备批判对方。

嘟嘟情绪明显上扬，开始一边踢腿一边喊：我要妈妈抱抱！抱抱！

我：就是想要妈妈抱了，自己坐后面不好玩了。

一看孩子情绪越来越高涨，赶紧换挡倾听，继续给他情绪流淌的机会。

嘟嘟：把我抱到前面去吧！

孩子的情绪被关注到，就开始下降，自己想办法。

我：你觉得要是妈妈能把你放在前面，能挨着妈妈坐，就好了。

先倾听一句，让孩子知道妈妈听到了他说的话。

我：但是妈妈觉得，小朋友坐在前排太不安全了，要坐在后排的小座椅上才安全。

> 表白性我信息[①]，传递自己的价值观。

嘟嘟：我要喝水。

> 孩子发现自己想的办法没有被采纳，又开始想下一个办法了。

我：哦，想喝水了，但是妈妈在开车，没办法给你拿水，一会儿给你好吗？

> 口头第三法，一起想办法，满足双方的需求。孩子的需求：不无聊；我的需求：安全。

嘟嘟：好。

---

① 表白性我信息：表达自己对事物的看法、观点、想法、喜好，或自己的价值观。

等红灯的时候，我赶紧把水杯递给他，他开心地喝起来。我们继续前行，水喝完了，孩子又觉得没意思了。我在下一个红灯的时候给他拿了小汽车，他又开心地玩了一段时间。但是因为堵车，虽然距离目的地很近了，车总是提不起速，小朋友又烦躁起来。

嘟嘟：妈妈！抱抱！

我：又没意思了。

嘟嘟：抱，抱。

我：我们马上就要到了，很近喽。

嘟嘟：马上就到了（重复无数遍……）

终于到了，停好车，把他抱下来的那一刻，他高兴得紧紧地抱着我，想了一路妈妈的怀抱，终于得到了，非常满足。我也为我们第一次单独出行且顺利到达目的地而感到开心。

吃完饭，开车回家，再次发预防性我信息："一会儿我们还得开车回去，还是妈妈在前面开车，你在后面坐小座椅。"

嘟嘟：妈妈抱抱……

我：嗯，还是喜欢妈妈抱，可是妈妈要开车，不开车我们就回不去了，回到家妈妈就抱。

嘟嘟：好。

回家的路上，他安静地坐在后面，看着窗外。我从后视镜看着他，说："嘟嘟坐在后面自己看窗外，妈妈可以放心地开车，这种感觉太好啦！"

> 肯定性我信息①，当对方的行为给我们
> 带来愉悦的感受时，可以对此表达我们的
> 心情。

　　嘟嘟开心地冲我笑了笑，继续看着窗外。我们安全回到了家，单独开车出行首战告捷，感谢我的小搭档。

　　P.E.T.就是这么奇妙，它可以适用于生活中的任何一个场景，它没有标准答案，不是我今天这样说话，明天你就必须一字一句完全模仿，而是在每个当下划分问题归属，选择那个时候可以使用的沟通方式。

　　这一次出行过程中，我几乎用到了P.E.T.的全部技巧：倾听、面质、表白、预防、肯定、第三法、价值观。技巧的使用可能并不完美，却顺利地解决了我们遇到的每一个问题。我们活在当下，不去预设，全然关注孩子和自己，一切就变得简单和美好，没有指责，没有妥协，每个人都很开心，这就是P.E.T.良性循环的沟通模式。

　　从以上案例中，我们可以感受到，当我们能够熟练使用P.E.T.沟

------

① 肯定性我信息：客观描述他人的行为带给自己的正向感受或给自己带来的帮助。

通技巧时，一致性沟通是可以做到的。人与人的相处变得简单，我们不用再当烦躁的妈妈，而是通过沟通来面对生活中的种种状态，做到游刃有余。

chapter 6

自我调整

P.E.T. 是关于沟通的课程，也是如何使用语言的课程，整个课程结束于自我调整。如何进行自我调整，P.E.T. 涉及的并不多，托马斯·戈登博士在《P.E.T. 父母效能训练手册》一书的结尾说："对于一些难以改变自己基本态度的父母，学习 P.E.T. 的经验，出于某些原因，为他们打开了一扇寻求其他帮助的门——群体心理治疗、婚姻咨询、家庭心理治疗，甚至是个人心理治疗。"

关于自我调整、成长、修行，是我过去十一年的人生中最重要的事情，我从一个标准的受害者角色逐渐走出，慢慢摸索到一些生命本来的样子。如果不是因为成长，我可能还活在从前的无意识和混沌的状态中。虽然现在的我也不是时刻生活在清明中，但多少比过去清醒一些。

对我来说，自我调整其实就是面对自己压抑或逃避的情绪，审视自己持有的信念，走出各种戏码，活在当下。自我调整，意味着真正的成长，成长意味着不再逃避痛苦，而是纵身一跃面对那些不愿面对的愤怒、悲伤、恐惧、焦虑、挫败等。有智者说，这是自愿性受苦。当一些旧有的情绪浮现时，我们不再选择逃避，而是保持观看，自愿受苦。唯有这样，那些曾经的痛苦才能得以转化，成为生命的养分，滋养生命，在泥泞中开出耀眼的花朵。

另一方面，信念创造现实，审视我们的信念是成长的必经之路。我们很少审视自己的信念，活在自认为"对"的世界里。我们所秉持的这些信念或价值观到底从何而来，是父母告诉我们的，是社会告诉我们的，还是由我们自己经验而来？我们不假思索地从别人那里接受，然后奉为真理的这些信念，是否问过自己，是真的吗？

这些年，对我帮助最大的工具是"一念之转"。它让我更清晰地看到各种信念如何作用于我，我的那些妄念又是如何投射到周遭的人、事、物当中去，从而给我带来痛苦，或让我无法前行。

这些年，我见证了太多父母调整好、孩子的问题也就随之化解的故事。这并不是在指责父母做得不好，而是由于父母与孩子的内在联结是那么深，生命紧紧地捆绑在一起，任何一点自身状态的改变都会牵动对方。

一只鸽子老是不断地搬家。它觉得每次新窝住了没多久，就有一种浓烈的怪味，让它喘不过气来，所以它只好一直搬家。这种状况让它很烦恼，便向一只经验丰富的老鸽子诉苦。老鸽子说："你搬了这么多次家其实是没有用的，因为那种让你难受的怪味并不是从窝里发出来的，而是你自己身上的味道。"

心外无一物，唯有此心，不管是从情绪的层面还是从信念的层面探索自己，这条路都需要你自己去走，没有人能代替。修行是深入你自己的一个过程，是回家的旅程。

1. 拥抱情绪

　　情绪没有好坏之分，愤怒能帮助我们守护好自己的界限，悲伤能让我们更接近爱和慈悲，而恐惧能让我们远离危险，但为了方便，我们通常将情绪分为正向情绪和负向情绪。负向和正向就像中国人常说的阴阳，都是很正常的存在。孤阳不长，孤阴不生，如果一个人总是压抑负向的情绪，他就很难快乐和喜悦。那么负向的情绪，比如焦虑，我们该如何应对呢？

　　在当今的家庭教育中，我们大概都听过这样的形容，"焦虑的母亲"和"缺席的父亲"。这些年我接触了不少父母，确实很多妈妈最主要的负向情绪就是焦虑。换一个更宽广的角度来看，现代父母普遍焦虑的心态是必然的，上一代父母多数在温饱线上求生存，基本是放养孩子，而现在的父母不用担心温饱问题，就会从放养走向另一个极端——过度关注。过度关注就会产生焦虑。《道德经》说："反者道之动。"自然的法则会带来调整和平衡，这也是为什么越来越多的父母开始成长，探索自己，学习自我调整。终有一天，我们会达到那个平衡的点，达到真正的中庸状态，一个流动但不固化的状态。

　　关于焦虑，加拿大海文学院的黄焕祥和麦基卓提出"本体焦虑"一说，即所谓的存在性焦虑，他们认为人类总是处在一种深度不安的状态中。人们觉察到自己是脆弱与有限的，并且在面对它时感受到深刻的焦虑——本体焦虑。为了处理这样的焦虑，每个人发展出自己独特的生活方式。当这种模式不能适当地应对最底层的焦虑时，人们就会建立更多的行为模式，导致更多的焦虑。于是，焦虑便在这样的循环下自行增长，无法控制，使人渐渐衰弱。

黄焕祥和麦基卓认为，通常个人不愿意体验太多的本体焦虑，因此不是加以防卫，就是将之转变为精神官能性焦虑，所以人们很少体验到纯粹形式的本体焦虑。为应对焦虑，人们会试图从遵从道德规范、灵性、信仰、希望与信念、罪恶感、角色与意义等方面去追寻意义感。当这些无法起作用时，人们就会体验到潜藏于底层的绝望感，或无助沮丧。

有一次我短暂休假，去纽约陪伴女儿。突然空闲下来，来到一个自己不熟悉的环境，加上当时女儿生病，我决定戒掉抽了将近十年的烟，以及与女儿在心理上发生的分离，所有的这些触发了我很深的焦虑，仿佛一下坠入情绪的深渊。

迎接我的首先是绝望，记忆里，绝望排山倒海而来，如此强烈，好像是过去十年里的第二次。我开始下意识地把我的绝望投射给正在生病的小妮。我跟朋友聊天，说想到我离开后，小妮在异国他乡要独立一人面对生病等各种事情，会很无助和沮丧。

但很快我意识到，这是我的投射。我的童年时期，由于父母外出，我生病的时候常常需要我独自面对。不幸的是，我小时候真的经常生病。伴随回忆，情绪好像被强烈地唤醒，深深的悲伤向我涌来，那是一种很深的绝望，一种我好似熟悉却一直不想面对的极度挫败感。我放声大哭，并开始呕吐。这一次，我知道，我不能逃，有个意识在提醒我，好好地跟这个绝望在一起吧。就这样，我保持着观照，看着这一切发生，我在经历却又不是深陷其中。

我一遍遍地去感受身体，不做任何评判，我观察到了呼吸的急促、身体的堵、胸腔的紧。随着我的观察，身体慢慢放松下来。接下来的几天，每天我都会静坐一会儿，在静坐的时间里，如实如是地观察我的身体，绝望和无助感逐渐离去。

我变得安静，胸腔有种被掏空的感觉。我开始回看小妮生病的事情，其实，她跟我当年一点儿都不同，小妮身边有很多帮助她的人。更重要的是，我很焦虑，但是小妮并没有我的感受。她既没有绝望也没有无助，依然是该干吗干吗，一天到晚乐呵呵地说："这又不是什么大事，生病嘛，看医生就行了啊。"我看到我的焦虑是如何把事情扩大化和严重化的，就像是活在自己用想象力挖掘出来的洞里。

黄焕祥和麦基卓两人所提到的绝望和无助感，居然在我身上都出现了，凭着这些年的学习成长，我知道如何与情绪相处。黄焕祥和麦基卓提出拥抱本体焦虑。他们认为，只要本体焦虑跟真实的我保持联系，它就能加强我们的驱动力，让我们有力量自我表达与追求生命的意义，并为生命的乐趣添加香料。

一开始我还埋怨，好好的假期怎么就变成这样了呢，当经历完这些情绪的起落后，我想这就是最好的假期——一次身心疗愈之旅，让我在毫无准备时，迎接和拥抱这些深层的焦虑，面对自己，转化压抑的情绪能量。这对这些年来貌似生活得很平静的我，未尝不是一个礼物。

如果你知道如何面对焦虑，那么其他的情绪都是一样的，不管是焦虑、恐惧、悲伤，还是小小的失落。当这些情绪出现时，不回避，带着觉知，就像旁观者一样，看着一切发生，不做任何评判，就可以转化这样的情绪能量。

我们通常都愿意向着光走，把阴影留在身后，但要活出自己，需要有转身面对阴影的勇气，在破碎中重生。有时快乐是肤浅的，但悲伤能带给你深度，去拥抱那些悲伤、愤怒和无助吧，因为它们跟喜悦一样，都是你。

2. 穿越生命的戏码拿回力量

想法本身不具任何杀伤力，除非我们对它深信不疑。带给我们痛苦的，并不是我们的想法，而是我们对想法的执着。执着于一个想法，意味着坚信不疑地认为它是真实的。信念，就是我们经年累月执着不放的想法。

——拜伦·凯蒂《一念之转》

人的一生，经常被各种戏码牵着鼻子走，那些戏码无非是些旧有的信念，是生命里的错觉，只是我们信以为真，不断奉行，视如珍宝，舍不得丢弃。这些错觉也是很多人的情绪按钮，但凡有谁不小心触碰到，情绪的开关启动，势如破竹，越陷越深。

关于被遗弃

被遗弃，可以说是很多人的戏码，最开始可能是生命初期的一些经历，比如被寄养，比如父母无暇照顾，比如生活在重男轻女的家庭，比如真的被遗弃。

这些可能真真切切地发生在一些人的成长中，但我们仿佛忘了那是过去的经验，而把它当成人生的信念，在长大成人后，心里仍战战兢兢，害怕被遗弃。

朋友稍有不来往，心里会解释为他不喜欢我了，要离开我了；伴侣一分手，便犹如坠入深渊，活不下去。我们在心里用"遗弃"解释所有人的离开。更吊诡的是，现实常常服务于我们的信念，让我们心想事成，这就是所谓的人生戏码。

所以，要走出戏码，可以从信念入手。

你会意识到，你不再是当年的你，现在的你、成人的你是不可能被遗弃的，没有谁能遗弃谁，因为你不属于任何人。有人会留下，有人会离开，但没有人会遗弃你，除非你自己。

关于匮乏

如果对日常生活的细节多一些觉察，我们就不难看到匮乏根深蒂固地存在于你我心中。

比如竞争的意识，你得了，我就没了或是少了；比如要证明自己比别人好；比如争先恐后地排队，巴不得自己是第一个；比如要各种各样的名牌，最好是限量版；比如要得到某人对自己的欣赏；

比如不敢花钱或大肆消费……

这些无非是匮乏的戏码在作祟，恐惧没有，或害怕失去，让人常常处于不安中。就拿给予这件事情来说，给予和接受对很多人来说那么困难，就是因为我们深陷于匮乏里，认为如果我的给了你，我的会变少，如果我接受了你的，你的会变少。

真正的给予就像创造，是扩展和加强。因为我有，所以我可以给，借着每一次的给，我都是在创造、扩展和加强我的有。所以当我满心喜悦地接受，我也是在扩展和加强对方的有，对方的给只会让他有所获得而非失去。就像爱，当我放开去给，我越来越喜悦；当我敞开去接受，我越来越欢喜。给予和接受其实是同一回事，当我能毫无恐惧地给，我当然也就能敞开接受。

那么到底要怎样才能走出各种戏码，不再陷于头脑的故事里呢？转念，是一个可以使用的工具。这个工具来自拜伦·凯蒂，在她的书《一念之转》中有非常详尽的介绍。通过转念，我们既可以走出头脑中的故事，也可以从过往的限制性信念中解脱。比如关于匮乏，通过转念，你会发现，匮乏其实就是一个幻象。对于没得到的部分，你却认为你应该得到，因而产生匮乏感。放下这个应该，回到实相，便不再有匮乏。

这个工具其实就是四个问题，以及几个反向思考。首先你要拿起纸和笔写下困扰你的念头，比如"我的孩子吃饭应该快一点儿"，以及充分地写下在这个念头下，你对孩子持有的种种感受。

然后开始问以下四个问题，并一一做出回答。第一个问题，这是真的吗？第二个问题，你能百分之百确定这是真的吗？第三个问题，当你持有这个想法时，你是怎样的？第四个问题，如果没有这样的想法，你是怎样的？回答完四个问题，就可以进行反向思考。"我的孩子吃饭应该快一点儿"，反向就是"我的孩子吃饭不应该快一点儿""我吃饭应该快一点儿"。

拜伦·凯蒂说，学会一念之转，你可以当自己的老师。在接下来的几篇中，我会分享几个转念案例，看一下完整的转念过程是如何进行的。在看的过程中，建议把你自己的困扰代入进去，跟着做转念，毕竟所有问题都是共通的，希望接下来的这些案例分享会对你有所启发。

3. 驱逐心魔，看见真相

2014年3月，在香港飞往加州的航班上，飞机飞行在高空，身边的乘客都已经熟睡，我睡了一会儿之后醒来。机舱昏暗，飞行的轰鸣声中有着别样的安静。突然一种深深的悲伤向我袭来，眼泪忍不住地流。我一边流着眼泪一边心想，发生什么了？为什么突然有这么深的悲伤？另一个声音告诉我，不要问，允许你的悲伤。

于是我在黑暗中流着眼泪，任由这股悲伤向我扩散。然后有一个声音开始慢慢从心底升起，这个声音说："为什么是我？"乍一听，我觉得有点儿莫名其妙，为什么是这样一句话。我又继续跟着那个情绪往下走，出现的第二句话是："为什么留下我，为什么总是留下我？"我仍然抱着好奇，跟我的情绪保持联结。突然，我好像明白过来是怎么一回事。在我的童年，有过两次全家人都外出，只有我一个人被留下来的经历。

在我四岁多的时候，有一次妈妈带着姐姐和弟弟去跟正在外地工作的父亲团聚，而我被留下来送到外婆家。还有一次在我六岁多，那个时候家里已经有妹妹了，妈妈带着姐姐、弟弟和妹妹，又去了另外一个城市探望在那里工作的父亲，我又一次被留下来跟着外婆生活。当妈妈回来时，我已经上小学了。

所以我有一个很深的恐惧和信念，那就是，我是被遗弃的。就在这样一个时刻，在高空的飞机上，在我毫无防备的时候，某种很深的创伤扑面而来。刚开始我环顾周遭，担心我的抽泣会不会影响其他乘客，但是我决定豁出去了，让这股悲伤尽情宣泄。

就在我一把鼻涕一把眼泪的时候，另一个声音响起来："这是真的吗？你被遗弃了，这是真的吗？"

于是我想，或许我可以尝试就这件事情来做一次转念作业。我拿起笔和纸，打开头顶的阅读灯，开始自问自答，写下第一个问题。

1.我是被遗弃的，这是真的吗？

这当然是真的，事实不是摆在面前吗？他们一再地离开，把我一个人放在外婆家，这是真的啊！

2.你能百分之百确定这是真的吗？

我能够百分之百确定这是真的，这是事实。（同时我也留意到，有那么一丝犹豫正在冲击我的头脑，我一边说这是真的，但另外一边，其实也不太确定）

3.当你持有这样的念头时，你会如何反应？

我当然是伤心、沮丧、愤怒，甚至绝望。我想要指责妈妈，其实已经在心里指责她几十年了。我非常羡慕和嫉妒我的兄弟姐妹，甚至为了不被遗弃，我从小就武装自己，变得好强，甚至好胜，试图证明自己是有价值的，仿佛有价值我就不会被遗弃了。

这个信念也很深地影响着我的两性关系。回想我的几次恋爱经验，我绝不允许别人遗弃我，绝不给别人提分手的机会。所以通常当这段关系让我感觉不安全时，不管真实的情况是什么，我都会主动提出分手。现在想想，是因为我不想让对方提分手，那样的话，我会感觉被遗弃。

我记得我的第一个男朋友非常帅气，非常在乎我，对我非常好。或许因为他太好了，当我跟他在一起的时候，总是没有安全感，认为我不配，觉得终有一天他会离开我。于是在很多人都羡慕不已的情况下，我提出了分手。

在随后的关系里，我都是提出分手的那个人。唯有一次是对方提出的，天哪，那对我来说简直是灭顶之灾，太痛苦了。那种很深的被遗弃的感觉被激发出来了，我有两天两夜无法入睡。那种痛苦是难以名状的，现在想起来，其实不是因为那个人离开了我，而是因为那个人的离开触碰到我的一份很深的伤痛：我是被遗弃的。我把这份伤痛投射到这段关系里，还以为我的伤痛是对方造成的。

当然，带着这样的信念，很多时候我都不敢对关系有太多的投入，不敢去建立太深的关系，因为关系里一旦有人离开，我就会把被遗弃的伤痛投射到对方身上。

4. 一念放下，万般自在

继续分析上一篇的案例。这种感觉好陌生，当我面对父母而没有"我是被遗弃的"想法时，我想我会比较放松，不会总是对父母有那么多情绪，总是暗暗地想要反抗和指责。我想，我对他们的态度或许会更发自内心，我们相处起来必定会更好一些，会更融洽和轻松自在。

反向思考1：妈妈没有遗弃我

我的思绪回到了童年。妈妈那时有三个孩子，比我大两岁的姐姐，比我小两岁的弟弟。姐姐比较大了，可以照顾自己，不用花那么多精力；弟弟还小，或许还需要母乳，需要妈妈的照顾更多一些。所以我想，如果我是妈妈，大概也会做这样的选择吧。我会带一个不怎么需要我照顾的人，以及一个极度需要我照顾的人。

小时候的我非常瘦小，体弱多病，如果把这样一个孩子带在身边，到陌生和未知的环境，真不知道能否把这个孩子照顾好。而外婆家里都是大人，家里的条件和环境都比较好，所以外婆一定能够把我照顾好。而我是最需要照顾的那个，留给外婆，妈妈才是最放心的。如果我是妈妈，权衡过后，也许会做同样的选择。为了让体弱多病的我得到最好的照顾，妈妈选择让我留在外婆家。

还有一个情境一直在我的记忆中。妈妈离家大概几个月后，回来生妹妹。我记得妈妈回来后，外婆催着我回家，但我一直不肯。大概是还在月子里的妈妈很想我，最后，外婆只能强制把我送回了家。我想，那时一定是妈妈坚持要我回家的，她没有想要遗弃我。

反向思考2：我遗弃了我自己

每当我有这样的想法时，就一次次地经历被遗弃的痛，一次次地加深"我是被遗弃的"信念，所以，我才是那个一直遗弃自己的人。

我遗弃了我自己。有多少时候，我选择委屈自己，跟随他人；有多少时候，我选择不听从内在的声音；有多少时候，我没有照顾好自己，没有真正地爱自己。其实，没有人能够遗弃我，除了我自己。

反向思考3：我遗弃了妈妈

那些年我急于摆脱家里，连考大学都想考一所离家远的学校。我上大学时，听说妈妈在厨房偷偷流眼泪。平时自己任性又随意，决定好的事情很少听父母的意见。这些年也鲜少回家看妈妈，每次都是妈妈大老远来看我。所以，与其说妈妈遗弃了我，不如说我遗弃了妈妈。

⋯⋯⋯⋯⋯⋯⋯⋯⋯⋯⋯⋯⋯⋯⋯⋯⋯⋯⋯⋯⋯⋯⋯⋯⋯⋯⋯⋯⋯⋯⋯⋯⋯⋯

转念的过程，真相逐步呈现，我像是一个念头侦探，一辨真伪，也看到了更多我未曾留意的事情。写完以上内容，我既平静又轻松，好似多年的一个心结终于被解开，我也更能同理母亲了。

至今我都不明白，为何是在那样的一个时刻，在那次航班上发生了那样一次转念。或许因为我正飞往加州参加拜伦·凯蒂的转念工作坊，或许那段时间我一直在阅读《一念之转》，我的内在已经准备好去看生命中更多的真相。总之，一念放下，万般自在。

《奇迹课程》里有一段话，把我们的一些信念比喻为魔鬼："魔鬼的威力无穷，活跃非常，破坏力极强，正视一下你的生活，看一看，魔鬼已经把你的生活搞成什么样子了。但你心中明白，它的伎俩在真理之光面前不堪一击，只因它建立在谎言之上。"

在某一个课程中，老师问学员："你们谁有被遗弃的念头，请举个手。"环顾四周，几乎90%的人都举起了手。我们都有一个"我是被遗弃的"信念，但是，有没有审视和质疑过我们的信念是否真实？心中的魔鬼是否正在掌控着我们的生活？这个魔鬼说着：都是你的错、我是被遗弃的、我不够好、都是你害的、他不爱我、他不应该这样……亲爱的，当这个魔鬼出现时，是否可以轻声问问自己："这是真的吗？"

5. 你是受过伤，但你不是受害者

　　某次工作坊，一位学员分享了她与先生关系的改变源于她的一次顿悟。有一次，当她情绪高涨地指责先生不关心她、不关注她的需求时，她瞥见对方正瞪着眼睛愣愣地看着自己，那一刻她突然觉得或许她的先生也跟她一样，有他自己的需求，在等待她的关心。她扑进对方的怀里，放声大哭，说："我知道你也需要我的关心，你其实也很辛苦，而我并没有留意到。"她的先生就那样默默地抱着哭泣的她。从那以后，他们的关系有了很大改变。从她讲述时的眉目神情中，我能感觉到她的幸福。

　　虽然她以开玩笑的语气说这是她的"顿悟"，但在我看来，这真的是顿悟，从指责和埋怨，到突然看见对方，其实也需要她所需要的关注。

　　近几年，时有夫妻为了学习亲子沟通来到我的工作坊，却有了意外的收获，改善了他们之间的沟通，更能看见彼此间的需求。某次厦门工作坊的一对夫妇，在工作坊的最后一天早上，先生决定与妻子相约外出，找一个没有老人、没有孩子干扰的地方，好好地敞开心扉，聊聊他们之间的问题，而这正是妻子一直想要的，不回避而有建设性的沟通。

在大理工作坊，唯一前来参加的夫妻，先生在最后结束时哽咽着分享，令现场的妈妈们洒下热泪。他说，几天的学习，他看见女性在家庭中原来与男人要面对的问题有很大不同，他看见了女性在家庭关系中的压力和为了更好的家庭关系而努力的不易。

其实，不管是男人还是女人，都需要被看见、被理解、被爱。当妻子们沮丧于先生对自己的不理解时，或许先生们也在为同样的需求不被满足而深感挫败。

在深圳的一次工作坊，一对前来参加的夫妻，妻子指责丈夫不应该总玩游戏到很晚。于是我让她（H）写下对老公的评判，带着她做转念作业。结果出乎现场所有人的意料，原来他们有着一样的需求。

⋯⋯⋯⋯⋯⋯⋯⋯⋯⋯⋯⋯⋯⋯⋯⋯⋯⋯⋯⋯⋯⋯⋯⋯⋯⋯⋯⋯⋯⋯⋯⋯

我：他不应该总是玩游戏到很晚，这是真的吗？

H：是的。

我：你能百分之百确定这是真的吗？

H：是的。

我：他每天都玩到很晚吗？

H：是的。

（她老公在一边说："没有每天。"）

我：当你有"他不应该总是玩游戏到很晚"这个念头时，你会怎么样呢？

　　H：我会很焦虑，很生气。

　　我：还会觉得很委屈，是吗？

　　H：是的。

　　我：你会怎么做呢？

　　H：我会什么都不想说，转身不理他，自己去睡觉。

　　我：等他回头来找你的时候，你就拒绝他，发脾气，然后他又不知道发生什么了，也很苦恼，觉得还是玩游戏好了。

　　（她老公在一边频频点头，表示就是这样）

　　H：嗯。

　　我：如果你是他，你觉得为什么要玩游戏？

　　H：可以很放松，在游戏的世界里可以想怎样就怎样，不会觉得无聊。

　　（我转向她老公问："还不会被拒绝，是吗？"她的老公笑着说："是的。"）

　　我：当你没有这个"他不应该玩游戏到很晚"的想法时，你会怎么样？

　　H：我就不会生气了，也不会不理他了。

　　（我问在场的其他学员："看到了吗？影响她心情的是什么？"学员们回答："是她的想法。"）

我：事实是什么呢？

H：（有点儿蒙）什么？不知道。

我：事实是，他会玩游戏到很晚，是不是？

H：是的。

我：面对这个事实，这个已经发生的事情，除了抗争和评判，你还可以做些什么呢？你试过表达你的需求吗？

H：没有。

我：那你现在能够为自己的需求负责，试着对他表达吗？你对他有需求，却选择不说，然后拒绝他；他遭到你拒绝后，心情不好，又回去玩游戏。你能看到你们的这个循环吗？

H：（看着她老公，开始流眼泪）我希望你能够和我聊天，聊一些内心的话题。

我：你希望他能在晚上和你一起度过一段有品质的、相互陪伴、聊内心话题的时间。

H：是的。

（我问她老公："你能够做到吗？"她的老公说："这曾是我对她的需求。"在场的学员笑了，H也不好意思地笑了）

H：他以前是跟我提过，不过，孩子啊什么的……现在好一些，最近，我们有时候聊到三点多。

我：好，现在我们来做反向思考。

H：我不会，不知道怎么做。

我：这样反向如何，"他应该玩游戏到很晚"，你觉得这是不是更真实一些呢？

H：好像是。

我：一个人不会做对他没有好处的事情，他这么做，一定是从中得到了好处。我并不是说，你有这样的想法是对还是错，而是想让你看到更真实的情况。

（下课时，我留意到这对夫妻更亲密了）

男女的差异性，其实也导致了男女是无法完全公平的。比如，女人的特质是偏感性的，所以当女人表达脆弱时，比起男人会较少被评判。而男人从小被贴上"男子汉""大丈夫""流血不流泪"等标签，若是去表达感受，似乎就跟软弱联系在一起。这些社会的制约性观念，使得男人们不得不从小武装自己，封闭自己的感受，让自己"装"得很强大。也因此，他们与女人相比，会更压抑自己被关注的需求，更无法表达自己的需求，男人也很需要被看见。

亲密关系大抵如此：女人都有一个破碎的公主梦，幼年时的期待落空，很容易把未完成的期待投射到伴侣身上，希望另一半能够无条件地呵护自己、满足自己，说穿了是在找爸爸；而男人有一颗失落的王子心，他们也有很深的失落感，比起女人有过之而无不及，他们通常是在找理想的妈妈。很多关系就是破碎的公主遇上失落的王子，彼此投射内在的创伤，两颗匮乏的灵魂相互索取，这也是很多婚姻痛苦或无法持续的原因。

美好的关系是彼此看见、相互尊重、平等相处。彼此间不过分依赖，独立而又有联结是最好的相处之道。女人若学会走出期待，去看见男人的脆弱，也学会自我负责；男人若学会放下武装去温暖女人的心，去冒险敞开自己，与女人分享感受，两个人就更能活在当下，不再是两个孩子的相处，而是两个成人间的陪伴。

人生在世，哪能不经受挫折呢？生于这个娑婆世界，谁的童年没点儿伤痛呢？我喜欢海灵格说的话：你是受过伤，但你不是受害者，即使带着伤痕，你仍然可以生活得精彩。愿每一个她从破碎公主活成女王，愿每一个他从失落王子活成国王，一起携手走人间路。

6. 你是要对的，还是要幸福

下面这个案例，是P.E.T.和转念结合的典型。当我们关注自己能够负起责任的那部分时，哪怕是很小的部分，我们也会让自己解脱出来。转念无处不在，如果你想要的是自由，转念可以给你。

老公生气了

上周的一个下午，我因为工作没完成，没答应老公让我提前下班的要求，老公大发雷霆。我下班后，他上夜班去了。我发微信说抱歉，解释没有答应他要求的原因。老公跟我强调了好多夜间照顾孩子的注意事项，末了加一句"（孩子）总是生病，很累"。

我隐隐觉得他言语中还有情绪，不过不知道怎么回应，就简单地说"好"。然后，他开始说我的教育方式不对，理论再强实际一团糟。

我心里想着要倾听，感觉有点儿紧张，因为一直以来我很怕老公生气，他一生气我就只能委屈着不说话，这是第一次有意识倾听。

我："你觉得我太顺着孩子了，这样不好。我确实有很多地方没做好。"

238

老公："你觉得呢！"

我忍不住解释："我没有认为我是正确的，我和你有一些不同意见，只是这样。"接着，老公开始一大段控诉，说我纵容孩子，导致孩子不听他的。

我："因为我的影响，你的付出没有得到认可，没有效果。"

老公："是简单的没有得到认可吗？！我感到从未有过的累。"

听他说累，我说抱歉。他依然有怒火，说："你有你的老师，但真正的老师是生活。"

我有点儿接不下去，感到有点儿委屈，我知道要转念了，可是自己在情绪中也不知道怎么转，脑子里突然想起拜伦·凯蒂回应她孩子的抱怨时会说"你说得对"。于是，我也这么说："你说得对。"

老公似乎愣了一下。我真诚地加了一句："我不想赢什么，让你难受我很抱歉。"然后转机出现，老公怒火顿失："孩子离我越来越远，好难受。"我赶紧回应："嗯，你那么爱他，他好像越来越远。"然后他说："你去忙吧，或许时间会淡化一切。"没有很多话，但我感觉到他的情绪温度降了下来。

"你说得对"推动了我们沟通的进行。后来，我假装若无其事地分享了孩子很爱爸爸的一些表现。老公调整了状态，父子俩的关系更好了。

239

7. 转化抱怨为创造力

很多时候我们已经习惯与苦为伴,"苦此不疲",直到有一天,我们感觉苦够了,才愿意改变,所以,转念作业就是为这样的我们准备的。

当你苦够了,当你想知道生命的真相,你就会开始质疑你的信念,想对你的苦一探究竟。

以下是读书会成员——进行的转念过程,跟随——的转念,我们可以看到小小的事件背后,竟然有这么多潜在的念头。这些念头像是隐形的信念,在无意识层面操控着我们,这就是为什么我们明知道不该这么做,却无力改变的原因。如果我们能找到内在的"因",即隐藏的信念,改变就成为可能。

看见的过程就是改变的开始。——通过自己的行为,借由转念作业,觉察到那些限制性信念,打开桎梏,脱身开来,是谓解脱。

已经早上八点多了,校车就要到了。叫女儿穿衣服,她却说要吃零食,我不同意,说只能给她一颗糖,她就哭,不愿穿衣服,说衣服窄。

我顿时生气,朝她吼,另外找了件衣服给她穿,塞了颗糖给她,我就起身穿鞋子准备出门。女儿一边哭一边拿鞋子穿。我发现她的鞋子是湿的，就扔一边。她哭着走过去穿我扔到一边的鞋子。我拉她过来，另外给她拿了一双鞋套上她的脚，拉她下楼。在楼下等的时候，我又继续语气很不好地教导她。

当我冷静下来的时候，我看到这个过程中我有很多念头，我的女儿让我没有自由，生气可以让她害怕，我不该这么早生孩子。我看到这个念头让我很愤怒。针对这个念头，我写了转念作业：

1.女儿让我没有自由，是真的吗？

是的，我不能随时做我想做的事情。

2.女儿让我没有自由，你能确定百分之百是真的吗？

是的，只要她和我在一起，我做什么都要考虑她。

3.当我有这样的想法，我会有怎样的反应？

我很焦虑，脾气很暴躁，不断地埋怨。

4.当我没有这个想法时，我会是怎样的人？

当我没有这个想法，我想我会耐心、愉快地和孩子相处，减少对先生的埋怨。

反向思考

1.我让我没有自由。

我对自己有很多要求，安排得很满，自己和内心很少有安静的相处时间。

2.我该让我有自由。

我该让自己和自己有独处的时间。

3.我让女儿没有自由。

我总是想告诉女儿该做什么、不该做什么，不按照女儿的想法来。

自由到底是什么呢？或许大部分人认为，自由是我想做什么就做什么，可以为所欲为。真正的自由，或许不是我想做什么就可以做什么，而是我不想做什么就可以不做什么。比如我不想抽烟，那我就可以不抽，我不想喝酒，那我就可以不喝酒。

自由或许跟外在的人、事、物无关，而是跟内在的心境有关，真正的自由是心灵不受限。比如有人没钱，仍可以走遍全球；比如有人坐着轮椅，仍可以登上南极大陆；比如家有待哺乳的婴儿，但很多妈妈仍可以想办法来参加课程。

所以，与其抱怨活得没有自由，不如把抱怨化为创造力，想想在现实的基础上，我们如何突破和超越，真正活出新意，活出自由。就如——通过反向思考，看见自己才是限制自己自由的那个人。

1.生气可以让她害怕，听我的，真的吗？

当下可以达到，是真的。

2.生气可以让她害怕，听我的，你百分之百确定是真的吗？

不确定。

3.当我有这样的想法，我会有怎样的反应？

我会在没有办法的时候使用这招，但是自己也很痛苦、很难受，我也不想这样。

4.当我没有这个想法时，我会是怎样的人？

我不会使用这招，会安静地感受对方的感受。

反向思考

1.生气不会让她害怕，她不会听我的。

是的，这个方法只会把孩子越推越远。

2.生气可以让我害怕。

生气之后我会害怕我自己，不想接受这样的自己。

生气的本质是失控，也就是说当我们操控失败时，往往就会愤怒。而愤怒只会教导愤怒，会让孩子产生抗拒。最终，我们也不会喜欢这样的自己，因为一颗总想去操控的心，必定伴随着无力和恐惧。

放下操控，我们就更能回到当下，从感受层面与他人联结。正如——说的，当我没有这个想法时，会安静地感受对方的感受。

1.我不该这么早生孩子，是真的吗？
不确定。
2.当我有这样的想法时，我会有怎样的反应？
我会抱怨我要孩子的这个决定，会把没有时间、不自由的怨气撒在孩子身上，经常生气，很急躁。
3.当我没有这个想法时，我会是怎样的人？
我会很好地享受当下的生活。

反向思考

我应该这么早生孩子。
孩子出生以后，我才发现自己的问题、和先生之间的问题，才开始走上自我成长的道路。

所有的应该，不过是我们的幻想与妄念，与事实抗争，注定是要失败的。"我不该这么早生孩子"不是事实，所以当然不是真的，因为即使有再多的"不该"也早就木已成舟。相反，孩子的出生常常会引发父母的自我成长，带领父母真正开始探索生命的智慧。

8. 协助孩子一起转念

能不能跟孩子一起做转念作业呢？答案是肯定的，也可以是否定的。如果以一种好奇和协助的心态，我想是可以的。如果对孩子所困惑的已持否定状态，只是想通过转念来改变孩子的状态，那是不可以的。

拜伦·凯蒂说：我跟小小年纪的孩子们一起做转念作业时，唯一的不同之处是，我尽量用简单的词汇。如果我用了一个可能超过他们年纪认知的字眼，就直截了当地问他们是否能听懂。要是我觉得他们并不了解，就改换另一种说法。但是，我从来都不用哄小孩的语气交谈，因为那样孩子就会知道他被贬低了。

凯蒂与孩子一起转念

拜伦·凯蒂曾与一名四岁的小男孩戴维做过转念作业，四岁的小男孩甚至看过精神科医师，因为他似乎有意伤害初生的小妹妹。以下是拜伦·凯蒂与他的对话。

戴维：我对卡西很生气，因为她不愿跟我玩游戏。我要她跟我玩球。她应该跟我玩。她不应该整天只是躺在那里。她应该起来跟我玩。我需要她跟我玩。

凯蒂：她应该跟你玩，亲爱的，这是真的吗？

戴维：是的。

凯蒂：戴维，宝贝，当你有那个想法时，你有什么感觉？

戴维：我很生气，我要她跟我玩。

凯蒂：你怎么知道婴儿应该跟你玩球呢？

戴维：我妈咪和爹地说的。

原来戴维的父母从怀孕开始就一直告诉小戴维，不久就会有一个弟弟或妹妹跟他玩了，而且将会是他的好玩伴。转念作业后，戴维的父母向他解释并道歉，戴维终于理解了。

六月与孩子一起转念

《一念之转》读书会的成员六月也有跟女儿做转念作业的经验：我去年读《一念之转》，刚好读到第八章时，我女儿豆豆有个状况，我尝试帮她转念，很顺利。

那天早上，豆豆哭着说不想去幼儿园，我倾听她。她说因为昨天午睡时她说了话，被老师请出卧室待着，她害怕今天还会这样。

那一刻发现孩子明显卡在"今天去幼儿园还会这样"的想法里，那时初读《一念之转》，也有点儿纠结要不要尝试。

我犹豫了一下，还是决定试试。我问她："你真的觉得今天幼儿园还会发生这样让你不开心的事情？"她说："是的。"我又接着问她："你真的确定还会这样吗？"

豆豆想了想，回答说："咦，我不说话就行了嘛，就算旁边的×××找我说话，我也不说，老师就不会请我出去了！"说完，她就乐了，然后背着书包出门了。

虽然当时还在想孩子没有完全走出问题区，我就发问，不符合倾听的精神，可是，我逐渐明白，倾听其实是要听事实和感受。感受的部分被听见，情绪很容易就流淌了。孩子有时也会卡在某个想法里，而没有看到事实真相。

所以，当孩子被念头卡住时，用反躬自问帮她看到事实，从而走出困境。

瑜恒与孩子一起转念

另一位读书会成员瑜恒也跟孩子使用了转念。

前天晚上，六岁的孩子睡前说害怕做噩梦，我跟书上学的，问他是不是真的，他说是。我说，你非常确定吗？他说，非常肯定。

我问，那你知道那个噩梦是什么样子吗？他说知道。然后，我让他讲讲梦。

他开始描述：有个恐龙。

我：多大？

孩子：一条巷子那么大！

我做惊讶状：哇！（这时孩子忍不住笑起来）

接着孩子描述了很多细节，什么老鼠那么小的尾巴、粉红色的皮肤……每一个描述说完，孩子自己先笑个不停，最后很开心地睡着了。

昨晚睡前，孩子提出要跟我讲他将要做的梦，把讲梦当成了游戏。

在跟孩子转念之前，最好自己先熟悉如何进行，对转念作业了然于心，再跟孩子进行转念作业。另外，在孩子情绪高涨时，不适

合进行转念作业。

　　需要强调的是，跟孩子进行转念作业，不是要让孩子放下他的念头，而是跟他一起去探索，带着好奇和尊重去进行。孩子的某些念头如同困扰他的情绪一样，只有被同理、被了解、被看见，才有转化的可能。

至此，

全书即将结束，

阅读就像一趟探索内在的旅程，

希望经由此书，

带给你更多看待生命的视角，

愿你在更宽广处开启自己的人生，

祝福你，

祝你快乐、安好！